⚜

"인생이란, 비밀번호를 맞춰서 여는 자물쇠와 같습니다.
그것은 성공적인 인생을 성취하기 위한 올바른 '사고방식' 과 '행동양식' 의 조합입니다.
이 책 안에서 여러분의 삶이 더욱 풍요허지는 비밀번호를 찾기 바랍니다.
모두 행복하세요."

미치고 또 미쳐야 답이 보인다!
오기발동 모드

오기발동 모드

초판 1쇄 발행 2009년 8월 1일

지은이 | 김웅
펴낸이 | 홍경숙
펴낸곳 | 위너스북

편집주간 | 김형석
기획이사 | 박종하
마케팅이사 | 안경찬

출판등록 | 2008년 5월 2일 제313-2008-221호
주　　소 | 서울 마포구 합정동 370-9 벤처빌딩 207호
주문전화 | 02-325-8901
팩　　스 | 02-325-8902

본문디자인 | 정현옥
표지디자인 | 고낭새

값 12,000원

ISBN 978-89-962098-3-6 03320

이 책은 저작권법에 따라 보호를 받는 저작물이므로 무단전재와 복제를 금지합니다.
이 책 내용의 전부 또는 일부를 사용하려면 반드시 저작권자와 위너스북의 서면 동의를 받아야 합니다.

* 잘못된 책이나 파손된 책은 구입하신 서점에서 교환해 드립니다.

미치고 또 미쳐야 답이 보인다!

오기 발동 모드

김웅 지음

Winner's Secret Library · 위너스북
WINNER'S BOOK

 차례

| 프롤로그 | 일이 잘 안 풀릴 땐 오기를 점검하라! 006

1장 펄떡펄떡 움직여라, **생기生氣**
   1_ 생기, 생각을 행동으로 바꾸어주는 에너지 · 020
   2_ 잠들어 있는 꿈을 깨워라 · 028
   3_ 살아 있다면 움직여라 · 036
   4_ 머피의 법칙 대신 샐리의 법칙으로 채워라 · 042
   5_ 자신감 부족은 생기를 가로막는 적이다 · 050

2장 미치고 또 미쳐라, **광기狂氣**
   1_ 미치고 또 미쳐라 · 060
   2_ 집중과 몰입의 에너지 · 068
   3_ 거침없이 결정하고 행동하라 · 076
   4_ '147 : 805 법칙' · 084
   5_ '성공의 덫'에서 벗어나 무한도전 하라 · 094

3장 남다른 비밀무기를 만들어라, **비기秘氣**

1_ 당신만의 비밀무기는 무엇인가? · 102
2_ 내 안에 숨어 있는 '보물'을 찾아라 · 110
3_ 정말로 잘하는 일을 개발하라 · 118
4_ 따라올 수 없는 월등함을 갖춰라 · 126
5_ 쉬운 길에는 비기가 없다 · 134

4장 머릿속의 지혜를 짜내라, **슬기智氣**

1_ 내 안의 문제를 지혜롭게 찾아라 · 144
2_ 발견이 '기회'를 만든다 · 152
3_ 다양하게 생각하라 · 160
4_ 급할수록 돌아가고, 찰수록 비워라 · 170
5_ 기본을 챙겨야 응용력이 생긴다 · 180

5장 인간관계의 달인이 되어라, **신기信氣**

1_ 조화의 힘 깨닫기 · 188
2_ 바람, 만남 그리고 파트너십 · 198
3_ 통하려면 다름을 인정하라 · 206
4_ 통하는 관계 만들기 · 212
5_ 신뢰의 계단을 쌓아라 · 224

| 에필로그 | 당신의 실패에는 이유가 있다 234

프롤로그
일이 잘 안 풀릴 땐 오기를 점검하라!

오늘도 다른 날과 마찬가지로 꽉꽉 막히는 출근길, 스트레스가 이만저만이 아니다. 그러나 투철한 사명감(?)으로 무장한 우리는 열심히 회사로 출근한다. 그런데 즐겁고 보람찬 일터여야 할 회사가 만약 당신에게 이런 얘기를 들려준다면?

> "올해 월급 인상 꿈도 꾸지 말고
> 보너스도 물론 없다.
> 수당도 없고
> 추가적인 후생복지도 없다!"

'청천벽력 같은 소리'라는 표현은 이럴 때 사용하라고 있는

• 오기발동 모드 •

말일 것이다. 이에 대한 당신의 속마음을 한마디로 털어놓는다면 이런 게 아닐까?

"에잇, 사표나 쓰자!!"

하지만 당신이 돈을 많이 벌어놓은 자산가가 아니라면 호기를 부릴 수 없을 테다. 한순간 치밀어 오르는 욱 하는 감정에 휘둘리다 보면 죽도 밥도 아닌 결과가 당신을 더욱 힘들게 만들 수도 있다. 사랑하는 아내와 토끼 같은 아이들을 어쩌란 말이냐. 바로 그것이 오늘날 우리들의 현실이다.

비단 월급이나 돈만의 문제가 아니다. 자기계발이 덜 된 직장인이라면 자신이 바라는 삶을 살기보다는 환경에 휘둘려 살 가능성이 더 많다. 지금보다 젊은 시절에는 마음속에 꿈이 있었으나 그런 생각과 이상이 현재의 환경에 묻혀 퇴색되어버린 건 아닌지 한번 돌아볼 필요가 있겠다. 나름대로 열심히 살아온 것 같긴 한데, 결과가 신통치 않거나 삶이 왠지 불만족스럽다면 우리의 삶 어딘가에 문제가 있는 것이다. 당연히 원인을 찾아내어 문제를 해결해야 한다. 바로 이 책이 독자들의 그런 요구를 어느 정도 해결해 줄 수 있을 것으로 생각한다.

나의 직업은 수도 없이 많은 직장인을 상대로 강의하고 컨설팅하는 일이다. 대기업, 중소기업의 신입사원에서부터 임원까지, 그리고 대학생, 공무원 등 다양한 계층이 내 강의의 대상자다. 사람들을 만나면서 느껴지기로는 외환위기 이후 우리에게 다시 한번 찾아온 경제위기 때문인지 많은 분들이 힘겨워하는 것 같다. 직장을 얻지 못해 백수로 지내는 젊은이도 많고, 직장이 있더라도 생존경쟁에 내몰려 자신의 삶조차 돌아볼 틈 없는 사람들도 꽤 많다. 사회적으로 여러 곳에서 누수가 생기다 보니 사는 게 팍팍하기만 하다. 돌파구가 없을까?

짧게는 서너 시간에서 길게는 2박 3일 동안 강의에 참여한 사람들과 함께 대화하고 피드백을 주고받으면서 한 가지 느낀 점이 있다. 다름 아닌 지금이야말로 우리가 '오기'를 부릴 때라는 것이다. 책의 첫머리부터 '오기'나 부리라고 강조하고 있으니 어떤 분은 벌써 이 책을 덮으려 할지도 모르겠다. 그러나 조금만 더 나의 말에 귀를 기울여보기 바란다. 사실 오기라는 단어를 사전적인 의미에서 보자면 긍정보다 부정적인 느낌이 좀 더 강하다. 국어사전을 펼쳐볼 시간이 없는 독자라면 인터넷 주소창에 '오기'라는 단어를 검색하여 찾아보시라. 아마 이런 내용이 소개되어 있을 것이다.

• 오기발동 모드 •

'능력이 부족하면서 남에게 지기 싫어하는 마음'
—출처 〈네이버〉 국어사전

그런데 오기라는 단어가 늘 부정적인 말로만 사용되는 건 아닌 것 같다. 우리가 알게 모르게 생활 곳곳에서 오기란 말이 긍정적인 의미로 사용되기도 한다. 가령 이런 것들이다!

'사내 녀석이 오기가 없어서 어디다 써먹을까?'
'오기를 갖고 그 일에 한번 도전해 봐!'
'아, 저 선수 오기와 근성이 정말 대단하네요'

강의를 하다 보면 사람들에게 뭔가 신선한 내용을 전달해야 한다는 의무감에 사로잡힌다. 강의를 많이 해본 베테랑 강사들이라면 내 말에 백 번 동의할 것이다. 나 또한 직업의 성격상 새로운 말을 섞고 조합해서 종종 강의에 써먹곤 한다. 이 책에서 말하는 '오기'란 사전적인 의미에서 느껴지는 부정의 이미지가 아닌 조금 전에 소개한 긍정적인 의미가 더 강하다. 나름 다섯 가지 기운이라고 보이는 생기, 슬기, 비기, 광기, 신기를 하나로 묶어 오기라는 말을 붙여보았다. 이는 동양에서 전해 내려오는 음양오행의 화, 수, 목, 금, 토의 맥락과 일정 부분 맞닿아 있다고 하겠다. 일단 아래 그림을 통해 머릿속으로 감을 잡아보자. 때로는 글보다 그림이 전달하는 효과가 크니 말이다.

모든 것에는 기운氣運이라는 것이 있다. 여기서 기氣란 만물 생성의 본질로 여겨지는 것이다. 이번에는 운運이라는 글자를 보자. 차車변이 있는데 기가 움직이는 현상을 뜻한다. 그런데 기운이 막혀 제대로 움직이지 않는다면 어떻게 될까? 쉽게 말해 기운이 막히는 이유는 사용하지 않기 때문이다. 사용하지 않아 막혀 있다면 일단 뚫어야 한다. 그리고 다시는 막히지 않도록

• 오기발동 모드 •

계속 사용해야 한다. 그런데 이처럼 막힌 기운을 뚫는 방법은 물리적 힘만으로는 불가능하다. '보이지 않는 무언가의 힘'이 있어야 가능하다. 그렇다면 '보이지 않는 힘'을 움직이는 것은 무엇일까? 몇 가지 사례를 제시한다.

- 스티비 원더는 비록 앞 못 보는 장님이지만 절대적인 음감으로 청각을 이용해 세상 사람들의 귀감이 된 뮤지션이다. 특히 아내를 만나면서〈I just call to say I love you〉를 불렀고〈isn't she lonely〉는 그의 딸이 태어났을 때 직접 만들어 부른 노래다. 그는 자신의 사랑으로 '보이지 않는 힘'을 움직였다.

- 리얼리티 프로그램의 대세를 몰고온 TV 프로그램이〈무한도전〉이다. 이 프로그램이 시청자들에게 사랑과 인기를 얻은 이유는 스스로 '대한민국 평균 이하의 남자 캐릭터 5명'이라고 자처하는 사람들이 등장하여 평균 이상의 노력을 보여주기 때문이다. 결국 그들의 무한 노력은 '리얼리티 버라이어티 쇼'라는 새로운 기운을 만들어냈다. 평균 이하의 다섯 남자는 노력으로 '보이지 않는 힘'을 사용했다.

- 예전 우리 선조들은 이른 새벽에 길은 우물물을 떠놓고는 그 자리에서 움직이지 않은 채 소원을 빌었다. '정성'으로 '보이지 않는 힘'을 사용했다.

이렇듯 '보이지 않는 힘'을 움직이는 방법은 많다. 어떤 사람은 '용기'를 이용해서, 어떤 사람은 강한 '실행'을 바탕으로,

또 어떤 사람은 '침묵'을 이용하기도 한다. 중요한 것은 당신 스스로 '보이지 않는 힘'을 움직일 수 있는 기운을 찾아보는 일이다.

앞에서 소개한 그림을 좀더 자세히 설명하면 이렇다.

생기는 심장이다. 심장이 죽으면 죽듯이, 생기가 없는 사람은 무기력하다.

광기는 다리다. 움직이는 정도가 아니라 땀나게 움직이려면 계속 달려야 한다.

비기는 왼손이다. 숨겨져 있어 잘 드러나지 않지만 무엇인가를 결정짓는 것이 비기다.

슬기는 머리다. 머리는 지식을 말하는 게 아닌 지혜를 의미한다.

신기는 오른손이다. 악수할 때 내미는 손이고 늘 친근하게 사용되는데, 관계를 의미한다.

간단히 요약하면 표와 같다. 플러스 요인은 그 기운의 장점을 의미하며 마이너스 요인은 그 기운에 모자라거나 부족할 때 나타날 수 있는 내용이다.

즉 생기는 '성장', 광기는 '열정', 비기는 '역량', 슬기는 '지

구분	플러스(+) 요인	마이너스(−) 요인
생기	늘 긍정적이고, 활기가 넘친다.	무기력하고, 쉽게 지친다.
광기	새로운 것에 도전하고 역경을 극복하며, 열정적으로 일에 몰입한다.	뭔가를 해도 계획이 없고, 수수방관하며 자기자리 지키기에 급급하다.
비기	나에게 필요한 능력을 점검, 개발하며 강화하는 것에 게으르지 않다.	나의의 강점과 약점이 무엇인지 모르고, 어떻게 자신을 개발해야 할지도 모른다.
슬기	다양한 생각과 아이디어를 갖고, 전략적으로 계획한다.	생각보다 행동이 앞서 일을 그르치는 경우가 있고, 한 가지 외에는 다른 것을 못 본다. 또한 뭐든지 운에 맡기려고 한다.
신기	남들과 더불어 성장하며, 상대에 대한 관심과 친화력으로 신뢰를 형성한다.	남들과 함께 있기를 싫어하고 부담스러워 하며, 상대에 대한 관심과 배려가 적어 오해를 받기 쉽다.

혜', 신기는 '신뢰'로 정리할 수 있다. 이들은 홀로 존재하는 것이 아니라 상호 보완관계에 있다. 어떤 기운이 부족하거나 넘치면 삶에 문제가 생긴다. 일을 도모하려는 에너지가 없거나, 남다른 재주가 부족하거나, 일을 헤쳐 나가는 데 지혜가 없거나 등등의 문제 말이다.

그렇다면 구체적으로 오기가 우리 삶에 어떤 모습으로 적용되고 있을까. 사실 오기 가운데 어떤 부분의 모자라고 넘침이 결과적으로 당신이 어떤 사람으로 사는지의 여부를 결정한다.

오기 진단 체크리스트

No	내 용	아니다 ⇔ 그렇다				
		1	2	3	4	5
1	한번 실수한 것에 연연하지 않고 오히려 실수를 통해 배운다.					
2	힘들고 어려울 때마다 무엇이 문제인지 고민하고 문제의 원인을 찾아낸다.					
3	새로운 기회를 찾아 끊임없이 노력한다.					
4	나 자신을 좋아하고 자신감이 넘친다.					
5	긍정적인 생각을 가지고 매사에 감사한다.					
6	무엇인가에 완전히 몰입해 본 경험을 갖고 있다.					
7	환경이 변해도 도전하기 좋아하고, 최대한 열정을 발휘한다.					
8	무엇인가를 하기 전에 장애 요인을 찾아 미리 해결하고자 노력한다.					
9	내가 무엇을 하고 싶어하는지 분명하게 안다.					
10	거절과 실패를 두려워하지 않고 끈질기게 다가선다.					
11	내가 무엇을 잘하고 못하는지 알고 있다.					
12	나만의 차별화된 전문성을 갖고 있다.					
13	나의 매력이 무엇인지 잘 안다.					
14	새로운 변화와 트렌드에 맞는 역량을 개발하고자 노력한다.					
15	무엇인가를 완전히 학습하기 위해 계속 반복한다.					
16	일을 하기 전에 방향과 우선순위를 결정한다.					
17	상대가 무엇을 바라는지 알고 행동한다.					
18	지식과 정보를 통하여 지혜를 쌓고자 노력한다.					
19	직관을 통해 가설을 세우고 정보를 수집한다.					
20	자신의 환경을 변화시키지 않을 때 자신의 행동 양식을 통제할 수 있다.					
21	상대를 존중하고, 진실로 관심을 가지고 있다.					
22	이해와 배려를 갖고 상대를 대한다.					
23	다른 사람과 '통' 하기 위해 자신의 행동을 의식적으로 변화시킬 수 있다.					
24	말과 행동을 통해 다른 사람들에게 긍정적인 영향을 미칠 수 있다.					
25	상대방과 윈/윈하는 방법을 찾기 위해 노력한다.					

• 오기발동 모드 •

항목	생기	광기	비기	슬기	신기
문 항	1, 6, 11, 16, 21	2, 7, 12, 17, 2	23, 8, 13, 18, 23	4, 9, 14, 19, 24	5, 10, 15, 20, 25
소 계	(　)/25	(　)/25	(　)/25	(　)/25	(　)/25

5기 에너지 물통 채우기

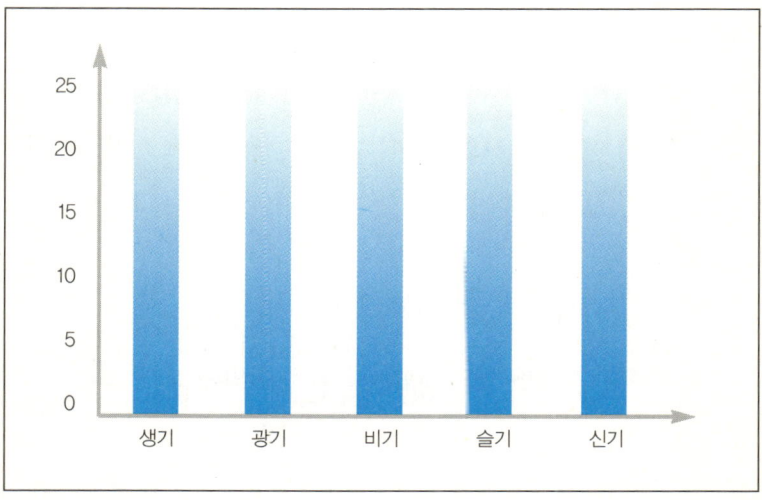

* 현재 당신이 가지고 있는 '오기'라는 에너지 물통이 어느 정도 채워져 있는지를 확인해 보라. 물론 현재 모습에 만족할 수도 있다. 하지만 뭔가 더 발전시키고 싶다면 어느 에너지 물통에 더 많은 기를 채워야 할지 생각하고 고민해야 한다. 많고 적음의 양은 전적으로 당신의 선택이다. 그리고 이 책은 당신이 좀더 쉽게 에너지 물통을 채울 수 있도록 방법을 알려줄 것이다.

가령 창의력과 아이디어는 넘치지만 실천력이 뒤지는 사람, 반대로 실행력은 에이플러스(A^+) 등급인데 아이디어가 많이 딸리는 사람, 평소 대인관계가 원만한 듯해도 결정적인 순간 내 편 들어주는 이가 없어 고민하는 사람, 성격이 너무 내성적이라 자기가 할 수 있는 몫보다 결과가 안 좋게 나오는 사람 등등 말이다. 오기 중 어느 한두 가지가 턱없이 부족하거나 한쪽으로만 쏠려 있다면 문제가 생긴다. 그런 분들은 조금 전에 말한 모습처럼 살 가능성이 많다. 즉 비생산적인 삶을 살 가능성이 크다. 따라서 우리는 '오^{5}기'의 개념을 알아야 하고 적절한 균형을 찾기 위해 노력해야 한다. 어느 한두 가지 기운이 넘치거나 부족하여 조화가 깨진다면 열심히 일하더라도 성과가 없고 슬럼프에 빠졌을 때 정상적인 컨디션으로 회복하는 시간이 더디게 마련이다. 그런 삶이 즐거울 수 있을까. 불평불만과 짜증만 가득할 뿐이다.

자신이 어떤 기운이 높고 낮은지 스스로 확인해 보는 방법이 있다. 간단한 체크리스트지만 어떤 원인을 찾고 결과를 도출하는 데 많은 도움이 된다. 총 25가지 질문으로 이루어져 있는데, 내용을 읽고서 오른쪽 점수판에 자신의 점수를 매기면 된다.

• 오기발동 모드 •

살다 보면 일이 꼬이는 것 같고 인생 답답하다고 느껴질 때가 많다. 그 이유를 사람들은 외부에서 찾는다. 그러나 외부가 아닌 자기 자신의 안에서 한번 찾아보기 바란다. 분명 당신 내면, 생각, 행동 어딘가에 막힌 곳이 있을 것이다. 막힌 곳을 찾았다면 뚫어주는 작업이 필요하다. 즉 원인을 밝히고 부족한 부분은 채워나가는 것이다. 그리고 이 책에는 많은 사례가 등장하는데, 모쪼록 지치고 피곤한 당신의 삶에 작은 활력이 될 수 있을 것으로 생각한다.

2009년 7월

저자 **김 웅**

1장

펄떡펄떡 움직여라, 생기 生氣

"스스로에게 '인생을 마칠 때쯤 어떤 사람으로 기억될 것인가?' 라는 물음을 자주 던져라. 그리하면 행동과 비전이 더욱 분명해진다."

피터 드러커

생기를 갖춘다는 건 멈춰 있지 않고 스스로 활발하게
움직인다는 의미이며 한마디로 '실천하는 힘'쯤 된다고 보면 옳다.
생각과 아이디어에만 머물러 있는 것이 아닌,
활발하고 생생한 기운이 생기다.

아름다운 여인 또는 남성이 당신 곁
에 있다고 상상해 보자. 머리에서 발끝까지 단 한 곳도 흠 잡을
데 없는 외모를 갖춘 이성이라면 뭇 사람들의 시선을 한 몸에
받는 게 당연한 일일 것이다. 하지만 그런 사람에게도 치명적
인 약점이 하나 있다고 해보자. 다름 아닌 생기가 부족하다면
어떨까? 생기발랄함이 없는 아름다움은 반쪽 완성에 지나지
않는다. 아무리 외모가 걸출하고 아름답더라도 생기가 부족하
거나 없다면 자신의 매력을 100% 뿜어내지 못할 게 당연하다.
향기 없는 꽃과 같다고나 할까. 생기, 즉 살아 움직이는 기운이

부족하다면 살아도 사는 게 아닐 것이다. 이런 사람들은 삶의 이유와 목표를 잃고 개인의 의지마저 상실한 채 남의 계획과 기대에 따라 살 가능성이 많다. 삶이 주도적일 수 없다는 말이다. 생기가 가득하다는 것은 움직임을 의미하는데, 이런 움직임이 없다면 겉만 살아 있을 뿐, 죽은 것이나 다름없다고 하겠다. 따라서 우리는 부족하고 모자란 생기를 충전하는 일부터 챙겨야 한다.

그렇다면 아름다움을 더욱 아름답게 만들고, 삶의 이유와 목표 중 첫 번째로 챙겨야 한다는 생기란 도대체 무엇일까. 또한 삶 가운데 생기가 있고 없음이 어떤 결과를 가져다줄까. 생기를 간략히 정리하면 아래와 같다.

> • 활발하고 생생한 기운(氣運).
> • 만물을 발육, 성장하게 만드는 힘.

삶을 성공으로 이끄는 조건은 여러 가지다. 남다른 두뇌, 남부러워할 만한 재력, 이도저도 아니라면 근면과 성실함 등등. 그런데 조금 전에 나열한 것들보다 가장 먼저 점검해야 할 것이 있다. 바로 생기를 갖추는 일이다. 생기를 갖춘다는 건 멈춰 있지 않고 스스로 활발하게 움직인다는 의미이며 한마디로 '실천하는 힘'쯤 된다고 보면 옳다. 생각과 아이디어에만 머물러 있는 것이 아닌, 활발하고 생생한 기운으로 어떤 일을 도모하고 실천하려는 노력이 생기다. 기발한 생각이 있더라도 실천이 뒤따르지 않으면 아무 짝에도 소용이 없다. 수많은 자기계발 서적이나 강의들은 이처럼 생각에만 머물러 있지 않고 행동하는 힘을 기르라고 가르치며 권면한다. 나도 많은 강의를 진행하면서 사람들에게 행동하고 실천하는 데 필요한 에너지를 기르라고 말하곤 한다.

"나는 의지가 부족해!"
"나는 실천이 부족해!"
"나는 생각에만 머물러 있어!"

이런 생각을 가진 분이라면 생기를 점검해 봐야 한다.

지구상에 있는 수많은 동물 가운데 중국의 특산물(?)인 팬더곰은 게으른 것으로 유명하다. 물론 타고난 본성이 그럴 테지만 이 녀석들의 일생을 관찰해 보면 먹는 일에 55%, 휴식을 취하는 일에 41% 정도를 보낸다고 한다. 나머지 4%는 종족 보존을 위한 생식 행위나 기타 일에 사용하는 것으로 알려져 있다. 한번은 팬더곰이 많이 살고 있는 집단 서식지에 불이 났는데, 몸 움직이는 것이 귀찮아 피하지 않고 있다가 깡그리 불타 죽었다는 기사가 있었다. 이쯤 되면 정말 게으름에 두 번째 가라면 서러워할 정도라 할 만하다. 팬더곰들은 천성적으로 생기, 즉 움직이려는 에너지가 부족한 종이다. 자신의 죽음과 맞바꾸더라도 개의치 않는 그 게으름에 경의를 표한다. 그러고 보면 인간으로 태어난 게 얼마나 행복한 일인가.

생기는 어떤 목표를 세우고 난 후 밀어붙이는 원동력이기도 하다. 사례 한 가지를 살펴보자.

우리나라의 전통 사물놀이는 징, 북, 꽹가리 등 타악기로만 이루어져 있는데, 사물놀이의 2~3박자 주요 리듬을 살린 퓨전 타악 포퍼먼스가 있다. 다름 아닌 사물놀이+뮤지컬이라고 일컬어지는 〈난타 NANTA〉다. 얼마 전 이 뮤지컬을 세계적인 상품으로 만들어낸 송승환 씨가 방송에 나와 성공 스토리를 털어놓았다. 나는 그의 얘기를 지켜보면서 세 가지 키워드를 머릿속에 담게 되었다. '도전정신', '실천력', '좌절금지' 이렇게 세 가지인데, 이 책 첫 머리에서 말하는 '생기'와 밀접한 관련이 있다.

그는 전통 사물놀이 장단을 비디오테이프에 담아 전세계를 돌아다녔다. 아직 세계인들이 우리나라의 존재조차 잘 모르던 시절에 우리 장단과 리듬을 알리고자 생각한 도전정신이 남달랐다. 상황이 여의치 않자 연극 박람회식으로 열리는 영국의 '에딘버러 페스티벌'에 출전할 결심을 한다. 도전하겠다는 목표뿐 아니라 실천력이 발휘되는 순간이다. 그런데 문제가 생겼다. 바로 돈 문제다. 대회에 나서기 위해 함께 일하는 공동대표에게 2억 원, 친구의 집을 담보로 1억 원을 빌려 낭떠러지에 몰린 기분으로 페스티벌에 참가해야 했다. 성과가 좋지 않다면 빚더미에 앉을 수도 있었으나 다행히 〈난타〉는 전회 매진이라는 놀라운 기록을 세우며 사람들의 관심을 얻는 데 성공했다. 이런 성공에 이르기까지 많은 어려움이 있었겠으나 송승환 씨는 절대 포기하지 않았다.

'좌절금지' 라는 얘기는 늘 듣는 것이긴 해도 좌절하지 않는다는 것, 생각보다 쉽지 않은 일이다. 어쨌든 그가 방송에서 들려주는 얘기를 들으며 '저런 모습이 바로 생기다' 라는 생각이 들었다.

짤막한 사례 몇 가지를 더 소개함으로써 첫 장을 마무리한다. 따로 긴 설명은 생략하겠다. 비록 짧은 얘기들이지만 여러분은 뭔가 마음에 느끼는 바가 있을 테니 말이다. 단지 생각에만 머물러 있지 않고 끊임없는 실행과 실천으로 성공한 내용들이다. 그러한 움직임을 유발하는 기운이 생기라는 사실만 기억해 두자.

- "20세기 폭스사의 제작자 대릴 제넉은 1947년, 1년 만에 마를린 몬로와의 계약을 파기했다. 그 이유는 그녀에게서 성적 매력을 찾아볼 수 없는 것이었다."

- "간디는 런던에서 법률을 공부한 마친 후 1891년 인도로 돌아와 변호사 사무실을 열었지만 성공하지 못하고 남아프리카로 건너갔다."

- "1962년 데카 음반회사의 간부 딕 로우는 비틀스의 레코드 취입을 거절했다. 비틀스의 오디션 테이프는 페이 음반회사와 필립스, 콜롬비아 회사로부터도 거절당했다."

- "스티븐 스필버그는 성적이 중간 정도였기 때문에 UCLA영화학교에 입학할 수 없었다. 하는 수 없이 그는 캘리포니아 주립대학에서 영어를 전공했지만, 그것도 3학년 때 중퇴해야 했다."

- "엘비스 프레슬리의 고교 시절 음악점수는 C학점이었으며, 선생님으로부터 '너는 노래를 하지 않는 게 좋겠다'라는 충고를 들었다."

• 오기발동 모드 •

- "클린트 이스트우드는 공포영화 〈생물의 에너지〉에서 주연을 맡았으나, 유니버셜 영화사의 촬영감독은 '당신게게 더 이상 기대할 것이 없다'라는 말과 함께 그를 해고했다."

잠들어 있는 꿈을 깨워라

Five
02
Energy

꿈을 갖고 있다는 것만으로 만족하고 있는 건 아닌지 점검해 보았는가.
문제는 역시 꿈을 이루기 위해 행동으로 옮기는 실행력,
즉 생기가 있느냐 없느냐에 달려 있다.

　　　　　요즘 모 통신사의 광고를 보면 '생각대로 하면 되고…' 라는 슬로건이 눈길을 끈다. 부르기 쉬운 멜로디에 수영영웅 박태환, 프로야구 루키 김광현 등 스포츠 스타들이 등장하여 익살스러운 장면을 연출한다. '생각대로 하면 된다' 는 얘기를 조금 거창한 말로 바꾸어 표현하자면 '꿈은 반드시 이루어진다' 는 암시 정도 되지 않을까 싶다. 그런데 말이다. 1세기 전 프랑스의 문학가 폴 부르제도 이와 비슷한 말을 남겼다.

"생각하는 대로 살아야 한다. 그렇지 않으면 결국 살아온 대로 생각하게 될 것이다!(Il faut vivre comme on pense, sans quoi l'on finira par penser comme on a vécu!)"

참으로 여러 가지를 생각하도록 만드는 얘기다. 나 자신을 뒤돌아보더라도 사는 데 생각을 갖고 그 생각을 실천하며 살아온 날보다 생각 없이 되는 대로 살아온 날들이 더 많았던 것 같다. 생각하는 대로 산다는 것은 대체 무엇인가. 여기서 생각이란 계획, 꿈, 비전이란 말로 바꿀 수도 있겠다. 이 책을 읽는 독자 여러분도 한 가지 정도의 꿈은 가지고 있을 것이다. 나 또한 '잘 먹고 잘 살고 싶은 꿈, 사회에 긍정적인 영향을 미치고 싶은 꿈'이 있다. 사람들은 '부자가 되고 싶다', '건강하고 싶다', '좋은 이성을 만나고 싶다', '이름을 널리 알리고 싶다' 등등의 꿈을 꾸며 살아간다. 이렇듯 누구나 마음속에 꿈과 희망이 있다. 각자의 사정과 환경에 따라 꿈의 모습이 다를 수는 있겠으나 누구에게나 꿈이 있다. 그런데 꿈을 현실로 만들기 위해 얼마나 노력하고 있는지 점검해 보았는가. 혹시 현실성이 떨어지는 막연한 꿈을 꾸고 있는 건 아닌지, 꿈과 아이디어만 있을 뿐 행동이 뒤따라주지 못하는지, 꿈을 갖고 있다는 것만으로 만족하고 있는 건 아닌지 점검해 보았는가. 문제는 역시 꿈을 이루기 위해 행동으로 옮기는 실행력, 즉 생기가 있느냐 없느냐에 달려 있다. 앞서 잠시 박태환 선수 얘기를 언급했는데, 현재 강력한 라이벌로 손꼽히는 선수가 있다. 여러분도 그가 누구인지 한번 맞혀보기 바란다.

─── ✦ ───

2000년, 여름 15세 소년 하나가 고개를 숙인 채 고향 볼티모어로 향했다. 시드니 올림픽 접영 20cm 금메달 후보로 꼽혔으나 5위에 그쳤기 때문이다. 큰 뜻을 품은 소년의 어깨는 처져 있었고, 얼굴에는 실망이 가득했다. 이윽고 소년이 고향에 도착하자 그의 코치가 마중을 나왔다. 코치는 침통해 하는 어린 제자를 다독이며 자신의 차에 태웠다. 잠시 후 소년은 자신의 정든 집이 눈에 보이기 시작하자 얼굴이 점차 밝아졌다. 얼굴에 사라졌던 미소가 다시 나타났다. 소년의 어머니는 정성껏 꾸민 축하 배너와 미국 국기를 동네 곳곳에 걸어놓았다. 비록 메달은 따지 못했지만 자랑스러운 아들을 반기고자 한 어머니의 정성이었다. 그런데 코치는 차에서 내리자마자 소년의 어머니를 향해 호통을 쳤다. 평소 무뚝뚝하고 엄격하기로 소문난 코치의 고함에 어머니는 어리둥절했다.

"이봐요 데비, 지금 뭐하는 겁니까. 내 제자가 앞으로 딸 메달이 얼마나 많은지 알아요. 올림픽 한번 나갔다고 매번 이런 환영식을 치를 수는 없단 말입니다. 당장 치우세요."
이 짧은 순간 소년은 인생을 깨달았다.
"코치님의 말에 많은 것을 깨달았습니다. 한번 실패했다고 거기에서 헤어나지 못하면 아무것도 할 수 없다는 사실을 말이죠. 좌절을 딛고 앞으로 나가야 한다는 걸 깨우쳤습니다"라고 그는 나중에 밝혔다. 코치의 호통에 새로운 의욕을 얻은 소년은 성숙해졌다. 그리고 진화했다. 매년 각종 기록을 경신했고, 2004년 아테네 올림픽 6관왕이라는 금자탑을 쌓았다. 그리고 4년 후 열린 중국 베이징 올림픽에서 금메달을 싹쓸이했다. 모두 세계 신기록이었다.
독자 여러분도 눈치를 챘겠지만 그가 바로 수영황제 '마이클 펠프스' 다. 어떤 자극을 통한 동기부여는 사람을 움직이도록 만든다. 변하도록 만든다. 생기가 돌게 만든다는 소리다.

이탈리아의 테너 가수로서 세계적으로 명성을 떨친 카루소는 소년 시절 음악선생에게 놀림을 받을 정도로 노래를 못했다.
"네 목소리는 마치 문풍지 사이로 새는 바람 같구나."
그래서 카루소는 자신이 음악에 소질이 없다고 믿었다. 하지만 그의 어머니는 따뜻한 격려를 늘 잊지 않았다.

"선생님이 뭐라고 하든지 간에 네게는 음악가의 소질이 충분하니까 열심히 공부하렴."

어머니의 격려가 큰 힘이 되었음은 물론이다. 그는 원래 음악을 좋아했기 때문에 공장에서 일할 때에도 열심히 노래연습하며 기회를 기다렸다. 마침내 스물한 살 때 어떤 가수가 병에 걸려 출연하지 못하는 바람에 카루소가 그 대역을 맡게 되는 행운이 찾아왔다. 무대에 올라 카루소는 열심히 노래했지만 관객들의 호응을 얻지 못해 그만 해고당하고 달았다. 실망과 낙심으로 모든 것을 포기하려 할 때 극장에서 심부름꾼 하나가 찾아왔다.

"카루소, 해고는 취소라네. 유력한 손님 하나가 찾아와서 아까 대역을 맡았던 신인을 한번 만나보야겠다며 기다리고 있어. 빨리 가세."

다행스럽게도 유력한 손님이 나타나 '아직 제대로 연마하지 못한 부분만 다듬으면 훌륭한 재능이 반드시 진가를 발휘할 것'이라고 인정해 주었다. 그때부터 카루소는 자신의 숨어 있는 재능을 두드러지게 발휘하여 천재 가수라는 지위를 쌓아올렸다.

실패를 성공으로 바꾸려는 '펠프스'의 노력은 목표를 세우고 앞만 보고 달리는 힘이 되었다. 그는 잠자는 시간과 먹는 시간을 제외한 모든 시간을 헤엄만 쳤다. 코치의 한마디가 큰 성공을 위해 노력하는 '펠프스'를 만든 것이다.

'카루소'는 장차 세기의 테너로 각광 받을 수 있는 재능을 타고났으면서도 '문풍지 사이로 새는 바람 소리'라는 놀림을 당했다. 다행히 그의 재능을 인정해 주는 어머니와 후원자가 있었기에, 놀림 당한 아픔을 잊고 재능을 연마하려는 노력을 계속할 수 있었다.

만약 당신에게 생기가 부족하다면 여기서 소개한 사례들을 곰곰이 되씹어보기 바란다. 자신을 한정짓지 않는 것이 중요하

> 나 자신을 '팔팔'하게 깨우기 위한 8가지 질문
> ① 내가 삶을 살아가는 이유는 무엇일까?
> ② 삶에서 진정으로 원하는 것은 무엇일까?
> ③ 현재 하고 있는 것을 그대로 한다면 원하는 것을 얻을 수 있을까?
> ④ 만약 얻을 수 없다면 어떻게 해야 얻을 수 있을까?
> ⑤ 내가 가장 좋아하는 일은 무엇일까?
> ⑥ 어떤 일을 할 때 보람과 에너지가 넘칠까?
> ⑦ 누구와 함께 일할 때 가장 능률적인가?
> ⑧ 나는 어떤 생각을 할 때 가장 자유함을 느끼는가?

• 오기발동 모드 •

다. 무한한 가능성을 믿으며 꿈을 이루려는 노력과 실천이 생기다. '이만하면 됐지'라는 생각이 들 때 자신을 다시 달리도록 하는 사람이 곁에 있다면 당신은 정말 행복한 사람이다. 만약 그런 조언자가 없다 해도 멈추어서는 안 된다. 그런 사람들은 스스로 이런 질문을 해보기 바란다.

깨달은 자만이 진정으로 자유로워질 수 있다. 중요한 것은 내면의 힘이다. 다른 사람의 말 한마디로 나 자신을 깨울 수도 있지만 스스로 자신을 깨울 수 있는 질문을 던져보는 것도 유용하다. '8가지 질문'을 통해 자신의 잠재력을 깨워보도록 하자. 잠든 나를 깨운다는 건 잠든 내 꿈을 깨운다는 말과 같다.

살아 있다면 움직여라

Five 03 Energy

목표 없이 무작정 움직이는 일만큼 무모한 것도 없다.
몸과 마음만 지치고 결국 포기로 그칠 가능성이 크다.
움직이기에 앞서 철저한 준비가 뒷받침되어야 함이 당연하다.
앞에서부터 계속 강조해 왔지만 생기는 곧 움직임이요,
움직임은 꿈과 연결되어 있다.

제목이 정확하게 기억나지는 않지만 '사람이 죽을 때 후회하는 25가지' 라는 콘셉트를 가진 일본의 어떤 책에서 본 내용이다. 내용인즉슨 죽음을 눈앞에 둔 1,000명에게 '당신의 삶에서 가장 후회되는 일은 무엇인가?' 라는 질문을 던져 25가지 내용으로 정리한 것이었다. 가장 많은 사람들이 '금연하지 못한 일이 가장 후회스럽다' 라고 답했다고 한다. 죽음의 문턱 앞에서 후회한들 무슨 소용이 있으랴마는 나에게 시사하는 바가 많았다. 그 내용을 보는 순간 다시 금연을 시도하겠다고 마음을 먹었으니 말이다. 얘기가 잠시 다른 곳으로 새었는데, 병원에서 의사 선생님들이 환자들에게 들려주는 말 가운데 사람들이 가장 두려워하는 얘기는 무엇일까? 그건 아마도 '멈출 수도 있다', '죽음이 멀지 않았다' 라는 소리일 것이다. 누구나 삶에 대한 집착은 강한 것이어서 만약 그런 얘기를 듣는다면 큰 충격에 빠질 게 분명하다. 그렇다면 살아 있는 것과 죽은 것을 구분하는 기준은 무엇일까? 바로 '움직임' 이다. 움직이지 않음은 죽음을 의미한다. 움직이는 것은 살아 있는 것이고, 움직이지 않는 건 죽음이다. 그런데 내가 강조하고 싶은 건 육체적 움직임이 아니다. 정신의 움직임을 말하는 것이다. 왜냐하면 정신의 움직임이 생기의 근원이기 때문이다.

그렇다면 우리는 언제 움직일까. 또 움직이는 이유는 무엇일까? 사람들은 아무 때나 움직이지는 않는다. 우리가 움직이는 때는 스스로에게 이익이 되거나 무엇인가 지킬 것이 있는 경우다. 이익을 만들어 극대화하고 무엇인가 지킨다는 건 움직이는 충분한 이유가 된다. 그런데 아무렇게나 움직일 수는 없다. 구체적인 목표가 있어야 한다. 많은 사람을 상대로 강의해 본 경험으로 볼 때 대다수 사람들은 자신이 어떻게 움직여야 효과적이고 능률적인지 잘 모르는 것 같다. 이럴 때 도움이 될 만한 팁은 목표를 세분화하는 것이다. 누구나 으레 강조하듯 생각 없이 움직이는 게 아닌 계획대로 움직여야 한다는 말이다. 아래의 도표는 우리가 어떤 목표를 세우고 움직여야 효과적인지 알려준다. 각자 생각하고 있는 것들을 구체적으로 채워넣어 보기 바란다.

개인적인 목표	장기목표(인생의 목표)	
	중기목표(향후 5년)	
	단기목표(12개월 이내)	
직업상의 목표	장기독표(인생의 목표)	
	중기독표(향후 5년)	
	단기독표(12개월 이내)	

목표 없이 무작정 움직이는 일만큼 무모한 것도 없다. 몸과 마음만 지치고 결국 포기로 그칠 가능성이 크다. 움직이기에 앞서 철저한 준비가 뒷받침되어야 함이 당연하다. 앞에서부터 계속 강조해 왔지만 생기는 곧 움직임이요, 움직임은 꿈과 연결되어 있다. 한마디로 어떻게 움직이느냐에 따라 삶의 성패가 갈린다. 위에 소개한 도표의 빈 칸에 실천계획을 구체적으로 적었다면 두 번째로 좀더 구체적인 작업이 필요한데, 그건 바로 시각화다.

세계 최고의 골퍼 타이거 우즈가 시각화의 적당한 모델이 될 수 있을 것 같다. 공을 멀리 보내는 비거리, 환상적인 어프로치, 정확한 퍼팅 등 그는 흠잡을 데 없는 세계 최고의 골퍼다. 그가 출전하는 대회에는 곁에서 그를 지켜보기 위한 많은 팬들이 끊이지 않는다. 심지어 미국에는 '타이거 우즈 이펙트'라는 말이 있을 정도다. 우즈가 미국 증시에 미치는 영향을 설명하기 위한 것인데, 주말에 우즈의 경기가 있으면 다음 월요일 주가가 상승하고 경기가 없는 주말이라면 반대로 다음 월요일 주가가 하락한다는 데에서 유래한 말이다. 실제로 분석해 본 결과 2000년과 2001년 사이 우즈가 주말에 경기한 이후의 다음 월요일 주가는 다우존스가 상승했고, 그렇지 않은 월요일의 다우지수 하락 비율은 80%였다고 한다. 비단 스포츠뿐 아니라 사회의 여러 분야에 큰 영향력을 미치는 우즈는 골프에 처음 입문했을 때 나름의 목표를 세우고 이를 시각화하는 작업도 함께 했다고 전해진다. 즉 세계 최고의 선수에게 어울리는 세계 최고의 스포츠카 페라리 사진을 늘 곁에 두고 자신의 꿈을 이루기 위한 시각화 작업을 잊지 않았다. 그리고 단지 그가 피부색이 검다는 이유 하나 때문에 골프장에서 퇴짜를 맞거나 죽이겠다는 위협을 받기도 했지만 성공하기 위한 갖가지 노력은 주변의 장애물을 충분히 극복할 만큼 열성적이었다.

• 오기발동 모드 •

이처럼 무엇을 바라고 이루기 위해서는 구체적인 행동이 뒤따라야 한다. 물론 시각화 작업도 큰 도움이 된다. 끊임없이 스스로를 일깨우고 머릿속에 각인되는 효과가 있기 때문이다. 어떻게 움직여야 할지 목표도 중요하고 목표를 더욱 구체화하는 시각화도 중요하다. 이제 여러분이 자신의 행동, 움직임, 마음속의 꿈을 좀더 구체화하는 데 도움이 되는 노트를 팁으로 제공한다.

구체적으로 움직여라. 그리고 측정 가능하고, 달성 가능하도록 목표를 세워라. 그리고 기한을 꼭 점검하기 바란다. 우리 안에 숨어 있는 생기를 찾아 성장하고 움직이도록 하는 것이 1차 목표다. 그래야만 나머지 광기, 비기, 슬기, 신기를 향해 나아갈 수 있다.

● 꿈을 명확하게 만들어주는 노트

머피의 법칙 대신 샐리의 법칙으로 채워라

Five 04 Energy

부모님으로부터 물려받는 DNA는 바꿀 수 없지만
생각과 행동은 충분히 바꿀 수 있다.
스스로 생각하기에 사물과 현상을 바라보는 시각이 혹시라도
너무 부정적인 건 아닌지 점검해 볼 필요가 있겠다.

하루는 강의를 마치고 집으로 돌아왔는데, 메일 한 통이 와 있었다. 아마 나의 강의를 듣게 된 분이 보낸 메일인 듯싶었다. 그가 보내온 메일 내용은 대략 이랬다.

✉ 머피의 편지!

"안녕하세요?
저는 ○○에 살고 있는 ○○○입니다.
다름이 아니라 전 너무 재수 없는 사람입니다.
왜냐구요? 이제부터 제 얘기를 해보겠습니다.

출근할 때 전철 승강장에 도착하면 어김없이 제가 타야 할 차가 제 앞에서 출발합니다.
만원 버스를 타고 내리면 깨끗한 구두가 사람들에게 밟혀 더럽혀져 있죠.
회사생활은 늘 어렵습니다. 똑똑한 후배들에 채여 승진도 못하고, 하는 일마다 쉽게 풀리는 게 없습니다. 사람들은 제 뒷담화를 하면서 속닥거립니다.
거래처에서는 불평만 내세우고, 상사는 왜 해결하지 못했냐고 채근합니다.
차를 잠시 세워놓고 약국에 갔다 오면 주차위반 딱지가 붙어 있고, 가져 온 약은 효과도 없습니다.
소개팅에 나가도 만나는 여자마다 채이기 일쑤입니다.
전 어찌해야 할까요?"

잘 될 수도 있고 잘못 될 수도 있는 일이 늘 잘못 되기만 하는, 즉 되는 일이 하나도 없을 때 빗대어 사용하는 말이 '머피의 법칙'이다. 나쁜 일이 일어날 수 있는 확률 1%의 사건이 계속해서 생긴다면 사는 게 짜증의 연속일 것이다. 그런데 정말로 희한한 건 우리의 생각이 사건을 지배한다는 점이다. 안 된다고 생각하면 안 될 확률이 높아지고, 반대로 잘 될 거라고 믿으면

• 오기발동 모드 •

잘 될 확률이 더 높아진다. 그 이유는 무엇일까?

부정적인 생각을 하는 바로 그때 우리가 가진 에너지가 부정 쪽으로 쏠리고, 또 반대로 긍정적으로 생각할 때에는 우리 내면의 에너지가 긍정으로 쏠리기 때문이다. 생기가 반응하는 모습도 마찬가지다. 우리가 어떤 마음가짐을 갖고 있는지 여부에 따라 생기가 독이 되기도 약이 되기도 한다. 일테면 당신이 만약 어떤 범죄를 계획하고 있다면 생기라는 녀석이 범죄를 구체적으로 실행하는 행동으로, 또 얼굴어는 조바심과 어두움으로 나타날 게 분명하다. 거꾸로 뭔가 멋들어진 계획을 꿈꾸고 있다면 생기라는 에너지가 밝고 환하며 긍정적인 역할을 한다. 세상에는 이성적·과학적으로 설명하기 힘든 일이 많지만 이 경우도 그런 것 가운데 하나가 아닐 듯싶다.

메일을 써주신 그분에게 뭔가 답장을 하긴 해야겠는데 뾰족한 답이 있는 것이 아니어서 며칠 동안 혼자 끙끙 고민했다. 그러다 결국 '당신의 생각 자체를 긍정적으로 바꿔야 도움이 될 것'이라는 매우 원론적인 답장을 전할 수밖에 없었다. 그리고 마음이 영 찜찜하던 차에 '샐리의 법칙'이 생각났다. 이는 머피의 법칙과 반대다. 영화 〈해리와 샐리가 만났을 때〉의 주인공인 샐리의 이름을 딴 것으로서 잘 될 가능성이 조금 있는 일이 항상 잘 된다는 의미다. 일어날 확률이 1%밖에 되지 않는 나쁜 사건이 계속 벌어지면 머피의 법칙, 일어날 확률이 1%밖에 되지 않는 좋은 사건이 계속되면 샐리의 법칙이다. 그런데 여기서 주목할 것은 확률 1%다. 둘 다 낮은 확률인데 하나는 우리를 불행으로 다른 하나는 우리를 행복으로 이끈다. 그렇다면 이렇게 생각해 볼 수도 있지 않을까.

✉ 샐리의 편지!

"안녕하세요?

저는 ○○에 살고 있는 ○○○입니다.

다름이 아니라 전 너무나 운 좋은 사람이라고 생각합니다.

왜냐구요? 이제부터 제 얘기를 해보겠습니다.

출근할 전철 승강장에 도착하면 가장 먼저 도착한 열차를 한 대 보냅니다. 다음 열차를 타면 앉아서 갈 수 있는 확률이 더 높아지기 때문이죠.

만원 버스를 탔는데도 운전사 아저씨가 친절하게 일일이 인사해 주시는 바람에 얼굴 찡그리는 사람 없었답니다. 라디오로 들려오는 인기가요가 경쾌한 아침을 열어주었죠.

회사생활이 늘 어렵긴 합니다만, 똑똑한 후배들이 입사하니 자기계발에 대한 긴장감을 늦출 수 없어 도전을 받게 되고요. 지금

• 오기발동 모드 •

보다 더 열심히 일한다면 승진하는 데에도 지장이 없을 겁니다. 요즘 경제가 워낙 어려워서 하는 일마다 고전하고 있지만 잘 될 거라고 생각해요. 불경기가 평생 가겠습니까. 사람들은 이런 저의 긍정적인 면을 높이 평가하는 분위기죠. 저의 얼굴에서 웃음이 떠나지 않으니 다들 저만 보면 즐거워합니다. 당연히 거래처에서의 평가도 좋고 저의 상사는 회사에 어려운 일이 생기면 가장 먼저 저를 찾습니다. 언제부턴가 위기해결사가 되어 있었죠. 참 저는 아직 미혼인데요. 가끔 소개팅에 나가 여자를 소개 받지만 마음에 드는 상대를 아직 만나지 못했습니다. 느낌 좋은 참한 신붓감이 머잖아 '짠' 하고 눈앞에 나타날 거라고 굳게 믿는답니다."

우리가 부모님으로부터 물려받는 DNA는 바꿀 수 없지만 생각과 행동은 충분히 바꿀 수 있다. 스스로 생각하기에 사물과 현상을 바라보는 시각이 혹시라도 너무 부정적인 건 아닌지 점검해 볼 필요가 있겠다. 당신이 현재 하고 있는 일이 노동이 되는지 아니면 놀이가 되는지의 여부도 긍정의 백신이 내 안에 얼마나 충만해 있는지와 관련이 있다고 하겠다.

1%의 부정을 나머지 99%로 확대하는 삶보다는 1%의 희망

을 나머지 99%로 생각하는 삶에 더 큰 기회와 행운이 찾아온다. 사실 행/불행의 차이가 있긴 해도 확률적으로 보자면 그럴 가능성이 거의 없는 상태다. 하지만 마음가짐에 따라 결과는 크게 달리 나타난다. 오프라 윈프리가 진행하는 쇼에 소개되어 베스트셀러가 된 《시크릿》이라는 책에 대해 찬반 의견이 갈리긴 해도 긍정의 힘을 굳게 믿어야 성공할 수 있다는 내용에 나 역시 동의하는 바다. 이제 선택은 나와 여러분의 몫이다. 마음속에 자리 잡고 있는 머피의 법칙을 버리고 그 자리에 샐리의 법칙으로 채우려는 노력이 필요한 때가 바로 지금이다. 위기라는 단어를 개인적으로 그다지 좋아하지는 않으나 이 말도 '어려움 속에 오히려 기회가 있다'는 말로 바꾸어 생각해 보면 어떨까? 앞서 생기를 소개할 때 '❶활발하고 생생한 기운, ❷만물을 발육, 성장하게 만드는 힘'이라고 밝힌 바 있다. 생생한 기운이 작용하고, 만물이 발육·성장하는 일에 긍정이 바탕되어 있지 않으면 아무짝에도 소용이 없다. 그런 후에야 비로소 당신은 무대 위에 올라 당신이 가진 모든 것을 보여줄 수 있는 것이다.

어려운 조건도 긍정적으로 여기는 대표적인 예가 하나 있다. 파나소닉, 내셔널 등의 브랜드로 잘 알려진 세계 최대 가전제품

• 오기발동 모드 •

기업 마쓰시타. 1918년 이 기업을 일군 사람은 경영의 신이라고도 불리는 마쓰시타 고노스케다. 그가 말하는 특별한 성공조건 세 가지를 소개한다.

> **마쓰시타 고노스케가 말하는 성공의 조건**
>
> 하느님은 나에게 세 가지 은혜를 주셨다
> 첫째, 나는 가난했기에 어릴 때부터 구두닦이, 신문팔이 등을 통해 세상 경험을 많이 쌓을 수 있었다.
> 둘째, 나는 몸이 약해 항상 운동에 힘써 늙어서도 건강을 유지할 수 있었다.
> 셋째, 나는 초등학교도 졸업하지 못했기에 세상 사람들을 모두 스승으로 여기고 언제나 배우는 일에 게으르지 않을 수 있었다.

자신감 부족은 생기를 가로막는 적이다

Five
05
Energy

누구나 슬럼프에 빠지곤 한다.
문제는 슬럼프를 어떻게 받아들이느냐 하는 것이다.
우리에게 슬럼프가 닥쳤다는 것은
목표가 가까이 왔다는 증거이기도 하다.

      얼마 전 모 케이블 방송에서 방영된 내용이다. 분명 20대 중반의 나이를 가졌음에도 불구하고 외모가 40대 중반 정도로 보이는 한 젊은이가 주인공이었다. 나 역시 프로그램을 보면서 믿기지 않을 그 청년의 외모에 놀라움을 금치 못했다. "맙소사 저 외모가 정말로 20대 중반의 나이?"

      사실 그의 고민은 경험해 보지 않고서는 이해하기 힘든, 이해할 수 없는 것들이었다. 같은 또래의 여자 친구와 함께 길을 걸으면 주변 사람들의 시선이 달갑지 않다. 심지어 '원조교제 아니냐?' 라는 소리까지 들을 정도였다. 자연스럽게 매사에 자신감과 의욕이 떨어지고 사람 만나는 일조차 귀찮아진다. 프로그램의 목적은 뭔가 특별한 사람을 소개하는 것에서 그치지 않고 이렇듯 깊은 절망에 빠져 있는 그를 위해 자신감을 회복하도록 돕는 데 있었다. 머리숱이 없는 콤플렉스는 최첨단 가발로 대신하고, 평소 즐겨 입던 아저씨 옷차림은 젊은 캐주얼 차림으로 바꾸었다. 무엇보다 중요한 건 그런 자기 자신이 누구보다 소중하며 남 같지 않은 외모(?) 콤플렉스를 충분히 극복할 수 있다는 자신감 회복이었다. 프로그램 마지막에 청년은 자신감을 회복한 자기 자신을 보며 눈물을 흘리고 만다.

스스로에게 긍정을 부여하고 자신감을 회복하는 셀프토크는 누구에게나 필요하다. 자신감이 부족한 사람에게 생기를 엿볼 수 없음은 당연한 일이다. 누구나 슬럼프에 빠지곤 한다. 문제는 슬럼프를 어떻게 받아들이느냐 하는 것이다. 우리에게 슬럼프가 닥쳤다는 것은 목표가 가까이 왔다는 증거이기도 하다. 목표가 손에 잡힐 듯 가까이 왔을 때 신은 우리에게 마지막 시험을 치르도록 유도한다. 즉 슬럼프에 빠지도록 함으로써 더욱 단단하게 단련시키는 것이다. 지금 슬럼프를 겪고 있는 분이라면 이런 말들이 용기가 되었기를 바란다.

다시 강조하지만 생기는 한마디로 말해 펄떡거리면서 살아 움직이는 것이다. 즉 무브먼트movement다. 자신감이 떨어지면 적극적으로 행동하는 데 어려움이 따른다. 움직이더라도 팔팔하지 않다는 소리다. 남의 눈치나 보며 시간만 보낼 수 있다는 소리다. 내 생각대로 삶을 살 수 없다는 소리다. 따라서 부족한 자신감을 회복하는 데 많은 노력을 기울여야겠다. 자신감이 우리 내면에 충만할 때 비로소 다음 단계인 열정이 샘솟는다고 본다. 여기서 한 가지 질문!

"세계 최고의 화가였지만 생전에 단 한 점의 그림만 팔려나간 화가는 누구일까?"

정답은 빈센트 반 고흐Vincent van Gogh다. 그림을 많이 팔 수 없었지만 고흐에겐 자신감에서 비롯된 열정이 있었고 그림에 미칠 수 있었다. 그림을 향한 강한 혼의 몸부림도 결국 생기라는 말과 맞닿아 있다. 이렇듯 뭔가에 푹 빠져 미칠 수 있다는 것은 열정에서, 열정은 자신감에서 비롯되는 연결고리가 만들어진다. 단순히 도식화하면 다음과 같다.

· 자신감 ➡ 열정 ➡ 성공 ·

자신감이라는 내공이 부족하면 절대 성공할 수 없다. 사람들은 흔히들 이렇게 말한다.

'시도조차 하지 않는 것보다는 실패하더라도 시도하는 편이 더 낫다!'

그러고 보면 우리를 위한 자기계발이란 것이 새로울 게 없다는 생각도 해본다. 이미 시중에는 각종 책들로 넘쳐난다. 부자되기, 성공하기, 잘 먹고 잘 살기 등등. 그럼에도 불구하고, 즉 정답이 분명 정해져 있음에도 사람들은 늘 자기계발에 목말라 있다. 그런데 자세히 들여다보면 실천의 문제라고 생각된다. 아무리 좋은 조언과 비법도 실천이 없다면 도로아미타불이다. 각성이 없다면 무용지물이다. 조금은 강성한 어조로 얘기하는 필자를 너그럽게 용서해 주시기 바란다. 각종 강의를 통해 워낙 많은 분들을 접하면서 느낀 바를 가감 없이 전하고 싶은 욕심이 생겨 그렇다. 또다시 하나의 사례를 소개한다. 짤막한 우화지만 마음에 새겨둘 만한 내용이다.

한 아버지가 있었다. 그는 어렸을 때부터 모진 고생을 해가면서 살아왔으나 지금은 사람들의 존경을 받는 사람이었다. 나이가 들면서 자신의 아들에게 무엇을 남겨주는 게 가장 좋을지 고민하던 중 '삶의 진정한 의미'라는 유산을 물려주기로 결심했다. 그는 아들을 불러 "넌 삶이란 무엇이라고 생각하니?"라고 물어봤으나, 아들은 아무 대답도 하지 못했다. 아버지는 먼 나라에 살고 있는 지혜롭기로 유명한 철학자 한 명을 아들에게 소개하면서 그를 찾아가 '삶'이 무엇인지 배우고 오라고 했다. 아들은 '삶'이 무엇인지를 찾기 위해 먼 여행길에 올랐다. 산을 넘고, 사막을 지나, 강을 건너면서 한 달이 지나서야 겨우 철학자의 집에 도착했다. 철학자의 집 앞에는 많은 사람들이 그의 지혜를 배우기 위해 줄을 서서 기다리고 있었다. 아들은 보름을 기다린 후에야 겨우 철학자와 만날 수 있었다. 철학자는 아들을 보면서 "왜 이곳에 왔습니까?" 하고 물었다. 이에 아들은 "삶이 무엇인지 알고 싶어서 왔습니다"라고 답했다.

철학자는 곰곰이 생각하더니,

"미안하지만, '삶'이 무엇인지를 설명하기에는 많은 시간이 필요할 것 같군요. 많은 사람들이 기다리고 있으니 1시간 후 다시 만나 얘기를 나누지요. 기다리는 동안 우리 집에 볼 것들이 많으니 구경하는 게 좋겠어요. 대신 그냥 보는 것보다는 과제를 하나 드릴 테니 해결하면서 보시는 건 어떤가요?"라고 말하며 숟가락을 꺼내어 기름 세 방울을 떨어뜨린 후 그의 손에 쥐어주었다. 그리고 다시 이렇게 말했다.

"이 숟가락에 담긴 기름을 한 방울도 떨어뜨리지 않고 1시간을 기다리면 저를 만날 수 있지만, 만약에 기름방울이 숟가락에서 떨어지면 저를 만날 수 없으니 조심하시기 바랍니다."

아들은 철학자를 만나기 위해 많은 시간을 들였는데, 숟가락에 담긴 기름방울이 떨어지면 안 만나준다는 철학자의 말에 긴장했다. 그리고 기름방울이 떨어지지 않도록 매우 조심하면서 집을 걸어다녔다. 1시간 후 철학자와 아들은 다시 대화를 나누었다.

"집 구경은 잘 하셨나요?"

"아니요. 숟가락에 담긴 기름방울을 떨어뜨리지 않으려고 조심조심 걸어다녔더니 제대로 볼 수 없었습니다."

"안타깝군요. 저희 집에는 다른 곳에서 볼 수 없는 진귀한 것들이 많이 있는데… 그럼 이번에는 제대로 저희 집을 구경하시기 바랍니다. 1시간 후 다시 만날 때는 저희 집 얘기부터 나누도록 하죠."

이번에 아들은 철학자의 집 구석구석을 자세히 보면서 구경했다. 기름방울에 신경 써서 보지 못했던 희귀하고 가치 있는 골동품과 미술작품, 구하기도 어려운 페르시안 양탄자와 이탈리아 대리석들로 가득 찬 철학자의 집을 보면서 부러움과 감탄이

• 오기발동 모드 •

절로 나왔다. 집 구경에 넋을 잃고 다녔더니 1시간이 금세 지나가고 말았다. 다시 1시간 후 철학자를 만난 아들은 자신이 구경한 집안의 멋진 작품들에 대해 흥분을 감추지 않고 대화를 나누었다.

"그런데 혹시, 기름방울은 어떻게 되었지요?"

철학자의 갑작스런 질문에 당황한 아들은 기름방울이 한 방울도 안 남은 숟가락을 보았다.

"죄송합니다. 제가 집안 구경을 하다 보니 숟가락에 담긴 기름방울이 떨어지는 것을 눈치 채지 못했습니다."

이에 철학자는 걱정하지 말라는 듯 미소 띤 얼굴로 웃으며 말했다.

"제게 '삶'이 무엇인지 물어보셨지요? 제가 생각하는 '삶'이란 자신의 숟가락에 담긴 기름 세 방울을 떨어뜨리지 않으면서 세상의 아름다운 모습을 구경하고 만끽하는 것입니다."

아들은 철학자의 짧지만 인상 깊은 말을 마음에 품고서 집으로 돌아갔다. 집까지 가는 동안 그는 자신의 숟가락에 담겨진 '기름 세 방울'이 무엇인지를 생각하면서, 자신이 속해 있는 삶의 아름다운 모습과 즐거운 기억에 대해 다시 한번 감사했다.

지금까지 소개한 얘기를 정리하면 이렇다. 생기가 우리 삶에 어떤 방식으로 작용하는지, 즉 생기가 있고 없음에 따라 삶이 어떻게 변하는지를 소개했다. 그리고 생각을 행동으로 옮기는 힘, 잠들어 있는 꿈을 깨워야 하는 이유, 긍정적으로 생각하기, 자신감 회복 등의 얘기들이다. 이 모든 내용이 생기와 얽히고 설켜 있다고 보면 된다. 다음 장에서 다룰 광기, 즉 뭔가에 몰입하고 열정을 갖는다는 건 생기를 갖추고 난 이후의 문제다. 마치 아이가 옹알거리다가 말문이 터지는 것과 비슷한 이치다. 당신은 펄떡펄떡 움직이고픈 생기를 충분히 챙겼는가?

• 오기발동 모드 •

2장

미치고 또 미쳐라, 광기狂氣

"노력한 사람이 전부 성공한다는 보장은 없다. 그러나 성공한 사람들은 예외 없이 일에 미쳤다."

― 탈무드

미치고 또 미쳐라

Five 01 Energy

광기란 '열정'을 얻을 수 있는 기운을 말하는데,
당신이 이루려 하는 일에 무한도전하고,
'꿈'을 뛰어넘어 현실화시키고,
일에 몰입하는 행동이 광기다.

최근 뮤지컬 〈맘마미아 Mamma Mia〉가 사람들로부터 각광 받으면서 스웨덴 출신 혼성 4인조 그룹 '아바ABBA'도 덩달아 찾는 사람이 많아졌다. 맘마미아 관련 검색어에 그동안 잊고 지내던 아바를 쉽게 찾아볼 수 있다. 젊은 신세대들은 잘 모르겠지만 70~80 쉰세대(?)들에게 아바는 전설적인 그룹으로 남아 있다. 얼마 전 세상을 뜬 마이클 잭슨과 버금가는 인기를 누렸다고 보면 맞다. 1972년에 결성된 아바는 무엇보다 천상의 하모니를 만들어내는 데 탁월한 재주가 있었다. 쉬운 가사와 더불어 이중, 삼중으로 엮어진 하모니는 듣는 이들의 마음을 황홀하게 만든다. 그룹 결성 이후 지금까지 해마다 200~300백만 장의 앨범이 팔려나간다고 하니, 비록 지금은 해체했지만 아바 음악의 인기가 쉽게 식지 않는 것 같다. 여하튼 음악이 가진 힘은 대단하다. 그런데 사람들이 잘 모르는 재미있는 사실이 하나 있다. 멤버들 가운데 '아니에타 Agnetha' 라는 인물만 악보를 볼 수 있을 뿐, 아바의 다른 멤버들은 악보조차 볼 수 없다는 점이다. 더군다나 기보(음표를 적는 일)의 경우 네 사람 모두 할 수 없었다고 하니 기가 막힐 노릇이다. 이처럼 음표도 제대로 보지 못하는 그들이 불후의 명곡들을 어떻게 그토록 많이 만들어낼 수 있었을까? 그들은 피아노와 기타로 코드와 리듬을 잡고 노래하면서 자신들의 음악을 조금씩 다듬어갔다. 그들은 이렇게 대강 만들어진 멜로디를 반복, 또 반복하면서 연습해 아름다운 멜로디를 완성하고 거기에 화음을 얹어 또다시 노래를 반복해 불렀다. 비록 음악에 대한 배움이 적었지만, 음악에 대한 열정과 혼은 명곡을 만들기에 충분했다. 이런 과정을 거쳐 만들어진 음악이 사람들의 사랑을 받게 된 것은 당연한 일이다.

불광불급 不狂不及, 즉 미치지 않으면 미치지 못한다는 말이 있다. 지금부터는 어떤 일에 미쳐야 한다는 광기에 대한 얘기다. 광기란 '열정'을 얻을 수 있는 기운을 말하는데, 당신이 이루려

• 오기발동 모드 •

하는 일에 무한도전하고, '꿈'을 뛰어넘어 현실화시키고, 일에 몰입하는 행동이 광기다.

> • 미친 듯한 기미
> • 미친 듯이 날뛰는 기질

능력이 뛰어나더라도 몰입도가 낮으면 길게 갈 수 없다. 이렇게 말하고 보니 생각나는 친구가 하나 있다. 고교 시절 머리 좋다고 늘 우쭐대는 친구였는데, 자칭 멘사 클럽(IQ 150 이상인 사람들의 모임) 회원이라고 했다. 명문대학에 진학하는 일은 누워서 떡 먹기라고 호언장담하던 그였다. 수업시간에 들은 모든 내용이 머릿속에 저장되어 있기 때문에 자신은 별도의 시험공부가 필요 없다고 말해서 주변 친구들을 놀라게 만들었다. 한번은 모의고사가 끝난 후 그가 우리반 아이들에게 이런 말을 들려주었다. "이번 모의고사에서 전교 60등을 했지만 머리를 식히려고 그런 거야. 내가 맘먹고 조금만 공부하면 전교 1등도 문제없다고!"

자고로 공부에 있어서는 머리 좋은 놈이 엉덩이 무거운 놈을 이길 수 없다고 했다. 당연히 자신의 머리만 믿고 공부에 소홀했던 그 친구는 자신이 원하는 대학에 진학할 수 없었다. 문제는 몰입도, 즉 광기에 있다고 하겠다. 목표를 정해 놓고 끊임없이 매진하는 일이 광기다. 지금 내가 하고 있는 일에서 남다른 성과를 내고 싶다면 미쳐야 한다. 또한 가슴 뛰는 일을 맛본 지 오래 되었다면 광기를 점검해 볼 필요가 있다. 마음속 열정을 되살리라는 의미다. 자신의 목표가 명확하지 않은 사람, 실수가 두려워 포기하고 싶은 사람, 작은 성공에 취해서 새로운 일을 도모하는 데 게으름을 피우는 사람 등에게 필요한 것이 광기다.

무슨 일을 하든 가슴이 뛰어야 한다. 일을 하든 연애를 하든 간에 가슴이 뛰어야 한다. 그것이 당신이 존재하는 이유이자 목적이다. 그리고 가슴 뛰는 삶을 사는 것이 실제 가능하다는 사실을 당신은 깨달을 필요가 있다. 에너지는 우리가 원하는 방향으로, 삶을 이끌어나가는 힘으로 작용한다. 두려움을 믿는 사람은 자신의 삶도 두려움으로 가득 차게 마련이다. 반면에 희망과 성공을 믿는 사람은 오직 희망과 성공만을 체험한다. 우리가 체험하는 물리적 현상은 우리가 무엇을 믿고 있는가에 따라 결정된다. 한마디로 우주의 에너지는 언제나 우리를 향해 있다. 그것을 어떤 식으로 쓰는가의 여부는 우리의 선택이요, 자유다. 사실 삶이란 것은 생각보다 훨씬 단순하다고 본다. 진정으로 가슴 뛰는 일을 하고 있다면 모든 것이 우리에게 주어질 것이다. 우리가 가슴 뛰는 삶을 살 때 세상은 그 일을 최대한 도울 것이다. 이것이 자연법칙이다.

MBC에서 방영된 프로그램 중 〈성공시대〉라는 것이 있었다. 약 2년에 걸쳐 우리 사회 각계각층에서 나름대로 성공을 일군 100명의 스토리를 구성한 내용이었다. 강의에서 인용할 만한 사례 찾기에 목마른 나는 이 프로그램을 남다른 시각에서 유심히 시청했다. 그리고 귀감이 될 만한 얘기가 나올 때마다 메모해 두었다가 종종 써먹곤 했다. 그런데 이렇게 메모하다 보니 프로그램에 소개된 100명으로부터 공통점 세 가지를 찾아낼 수 있었다. 첫째, 그들에게는 남다른 재능이 있었다. 둘째, 그들에게는 보통 사람들이 견뎌내기 힘든 시련이 있었다. 셋째, 그들에게는 우리가 상상하기 힘든 광기가 있었다. 일반인들보다 몇 배, 아니 몇 십 배 노력했다. 여기서 주목할 것은 첫 번째나 두 번째가 아닌 세 번째, 목표에 대한 열정 즉 광기다. 사실 누구나 그들처럼 노력했다면 그들만큼은 아니더라도 충분히 성과를 만들어낼 수 있었을 것이다. 남다른 재능이 없더라도, 견디기 힘든 시련 때문에 넘어질지라도 열정으로 대변되는 광기가 있다면 충분히 승산 있다는 얘기다. 스스로에게 이렇게 한번 물어보라. '나도 그들처럼 어느 한 가지 일에 미쳐본 적이 있는가?'

어떤 일에 미쳐본 적이 없다면 다른 사람들의 성공을 보며 비단 재능이 있었다거나 위기를 극복할 수 있었기 때문에 그들이 성공했다고 말하지 말아야 한다. 위대한 영웅 징기즈칸에게 '꿈'과 '열정', 그리고 '광기'가 없었더라면 광활한 제국이 아닌 몇 평의 땅에서 양이나 치는 신세를 벗어나지 못했을 것이다. '열정'은 광기의 에너지다.

대부분의 사람들은 나름의 목표가 한 가지 정도는 있다. 이런 목표와 희망이 구호에 머물지 않고 현실화 되려면 1장에서 언급한 행동이 뒷받침되어야 하고, 여기에 덧붙여 열정을 쏟아 부어야 한다. 여러분을 위한 하나의 팁으로 목표 달성 가능성을 예측해 보는 세 가지 질문을 소개한다. 이들 질문은 미국 하버드 대학교에서 사용되고 있는데, '목표 달성 가능성 예측'을 위한 것이다. 한 가지씩 살펴보면서 당신의 목표 가능성에 대한 점수를 스스로 확인해 보도록 하자. 첫 번째 질문은 당신이 새로운 사업을 펼쳐보고 싶은 게 꿈이라고 할 때 목표에 대한 의지가 어느 정도인지, 어느 정도의 변화를 원하는지 확인하는 것이다.

질문 ❶ "당신의 목표를 이루고 싶은 마음에 점수를 매긴다면, 1~10점 중 몇 점입니까?"

당신이 간절히 원한다면 10점을 줄 수 있을 것이다.

질문 ❷ "당신이 사업을 하게 됐을 때 당신의 모습이 구체적으로 어떤 모습인지 그 구체성에 점수를 매긴다면 10점 만점 중 몇 점입니까?"

두 번째 질문은 당신의 비전이 얼마나 뚜렷한지 알아보려 데 있다. 목표를 이루었을 때 당신의 모습이나 기분, 다른 사람의 기대와 대우가 어떻게 변할지 알아보는 내용이다. 비전이 뚜렷할수록 의욕이 강해지고 실천 가능성이 높아진다.

질문 ❸ "목표를 이루기 위해서는 구체적이고 실천 가능한 계획이 필요할 텐데 계획의 구체성에 점수를 매긴다면 10점 만점 중 몇 점입니까?"

앞의 두 질문까지 자신 있게 대답하던 사람들도 세 번째 질문에 이르면 보통 5점 이상의 점수를 매기지 못한다. 구체적인 계획과 실천이 없다면 당신의 바람은 몽상과 다름 아니다. 3개의 점수를 곱하면 총 점수가 1,000점이다. 당신의 점수는 몇 점이나 되는가? 실제 목표에 도달하려면 세 점수의 합이 650점 이상 되어야 한다. 650점 미만이면 목표를 이룰 가능성이 거의 없다는 뜻이다.

집중과 몰입의 에너지

Five 02 Energy

원가에 집중, 몰입해 본 경험이 없다면 성공을 말할 자격이 없다.
어찌 보면 불행한 삶이다.
왜냐하면 몰입하지 않고서는 절대 성공할 수 없으니까!

'집중'과 '몰입'의 사전적 의미를 살펴보자. '집중'은 한곳을 중심으로 하여 모임, 또는 그렇게 모음이라는 의미다. '몰입'은 '깊이 파고들거나 빠지는 것'을 말한다. 즉 '집중'은 어느 한 가지 일에 정신을 모아 Focus 진행하는 것이고, '몰입'은 어느 한 가지 일에 깊이 빠져서 그 일에 파고들고 몰두 Flow 하는 것이다.

우리가 말하는 '집중 Focus'은 관심 있는 분야에 대한 호기심에서 그치는 것이 아니다. 철저하게 파고드는 신념이다. '집중'은 자기와의 끈질긴 싸움이기도 하다. 그래서 외롭고 힘들다. 세상에서 가장 멋진 광경은 불리한 여건과 싸우고 있는 사람의 모습일 것이다. 자신과의 싸움에서 이길 수 있는 집중의 달인이 되기란 생각보다 쉽지 않다. 2008년 베이징에서 열린 올림픽에서 세계인을 놀라게 만든 동양의 수영선수가 있다. 다름 아닌 박태환 선수다. 앞서도 그에 대해 잠시 얘기가 나왔지만 사실 난 그의 광팬이다. 박태환 선수의 경기를 유심히 지켜본 분이라면 금세 눈치를 챘겠지만, 그는 경기 직전까지 헤드폰을 끼고 음악을 듣는다. 장내 아나운서가 선수를 일일이 소개할 때에도 그는 묵묵히 앉아 음악만 듣고 있다. 그는 왜, 언제부터 음악을 들었을까? 그가 경기장에서 헤드폰을 통해 음악을 듣게 된 건 2004년부터라고 한다. 바로 그해 국내에서 열린 각종 수영대회에서 신기록을 연달아 수립하게 되자 본인에게는 좋은 징조로 생각했는지 그 후부터 트레이드마크처럼 항상 헤드폰으로 음악을 듣기 시작했다고 한다. 사실 수영선수들은 경기 시작에 앞서 20~30분 정도의 시간을 경쟁 선수들과 함께 보내는데, 뭔가에 집중하지 않으면 다른 선수의 행동이나 얘기 소리에 긴장감이 커질 수 있다고 한다. 박태환 선수가 굳이 레인에 오르기 직전까지 헤드폰을 귀에서 떼지 않는 또 하나의 이유는 다른 선수들에게 보내는 관중들의 환호에도 마음을 빼앗기지 않을 수 있기 때문이다. 즉 박태환 선수에게 헤드폰은 그만의 '마인드 컨트롤 도구'다.

사람들은 일 벌리기를 좋아한다. 이것이 좀 된다 싶으면 그리 마음을 쏟다가 끈기와 열정이 시들해져 그런 일이 있었는지조차 기억하지 못하는 경우가 왕왕 있다. 너무 많은 일에 시간과 노력을 빼앗긴다면 당신이 만들어낼 수 있는 집중의 힘, 몰입의 정도는 약해질 수밖에 없다. 하는 일에 진전이 없고, 일관성도 없으며 비효율적인 일처리 습관이 생기게 마련이다. 무엇인가에 도사가 된 사람들을 보면 꾸준히 반복적으로 연습하고 수많은 좌절을 겪어낸 후 뛰어난 솜씨를 갖추게 된 사람들이다.

어느 무사는 배움이 둔했다. 보다 못한 그의 스승은 제자에게 딱 한 가지 기술만을 전수했다. 그 기술은 왼손으로 막고 오른손으로 때리는 것이었다. 10년 동안 계속 한 가지 기술만 수련한 무사는 산에서 내려왔고, 결투에 나서 단 한번도 패하지 않았다. 한 가지에 도道가 트였기 때문이다. 많이 알고 많이 할 줄 안다고 해서 실력이 좋은 건 아닐 것이다. 한 가지에 집중해서 성과를 만들어내는 게 더욱 효과적이고 중요한 일이다. 하나의 사례를 더 살펴보자.

우물을 잘 파기로 소문이 난 갑돌이가 있었다. 다른 사람이 포기한 곳에서도 그는 곧잘 우물을 파냈다. 사람들은 갑돌이의 능력을 신기하게 여겼다. 하루는 어떤 사람이 그에게 물었다. "당신은 어쩌면 그리도 우물을 잘 팝니까?" 그러자 갑돌이는 이렇게 대답했다. "나는 우물을 파는 데 실패해 본 적이 없습니다. 그래서 다른 사람이 실패한 곳에 곧잘 불려다니지요. 내가 우물을 잘 파는 비결은 딱 하나랍니다. 다른 사람들은 물이 나올 만한 곳을 골라 땅을 파다가 물이 안 나오면 포기하지만, 나는 아무 곳이라도 물이 나올 때까지 땅을 팝니다."

무엇인가에 집중하고 몰입하면 한정된 벽을 깰 수 있다. 집중이란 생각의 힘을 행동의 힘으로 전환시켜 만드는 에너지다. 100m 달리기는 이런 인간의 한계극복 사례를 보여준다. 늘 '마의 벽'은 있으나 지금까지 인간은 그 벽을 돌파해 왔다. 한 가지에 집중하면 넘지 못할 벽은 없다. 집중과 몰입과 관련하여 재미난 그림을 하나 소개한다.

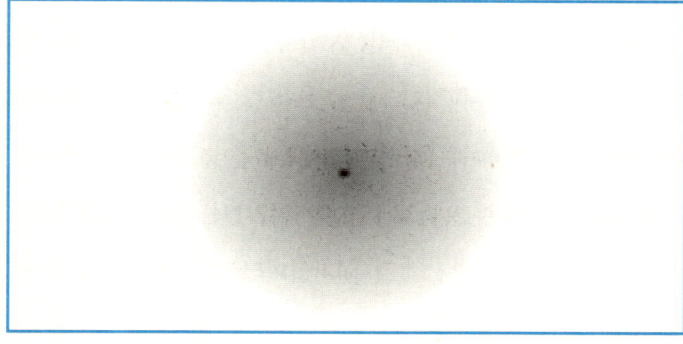

• 오기발동 모드 •

하얀 여백 중앙에 짙은 점이 있고 주변은 뿌옇게 처리된 그림이다. 이 그림을 30초 동안 뚫어지도록 쳐다보라. 그리하면 내가 무엇을 말하려 하는지 절로 알게 된다.

뭔가에 집중, 몰입해 본 경험이 없다면 성공을 말할 자격이 없다. 어찌 보면 불행한 삶이다. 왜냐하면 몰입하지 않고서는 절대 성공할 수 없으니까 말이다. 몰입은 자신을 잊어버리면서 이뤄가는 과정이기도 하다. 잊는다는 것은 돌아보지 않는다는 의미, 따지지 않는다는 뜻이다. 어떤 이해관계를 따지고 할지 말지를 결정하는 게 아니다. 무조건 좋아서, 무조건 해야 한다는 생각이 들어 하는 것이 몰입이다. 순수한 열정에 미치는 것이 몰입이다. 뭔가에 몰입한다는 것은 의지와 강요에 의해 억지로 되는 것이 아니다. 물 흐르듯 자연스럽게 할 수 있는 것을 말한다. 미치고 싶어서 미치는 게 아니라 그냥 미치고 빠져들어 가는 것이다. 그래서 Flow를 몰입이라고 한다. 당신이 방해받지 않고 막힘없이 몰입할 수 있는 두엇을 찾는다면 분명 남다른 성과를 얻게 될 것이다. 하지만 몰입을 방해하는 요소는 우리 주변에 너무나 많다.

한창 촉망받던 의과대학 교수직을 박차고 나와 국내 최초로 V3

컴바이러스' 백신을 만든 프로그래머이자 '안랩'을 설립한 벤처사업가, 현재는 KAIST 석좌교수로 변신해 인생 4모작의 신화를 쌓아가고 있는 안철수 씨는 휴대전화가 없다고 한다. 어느 기자가 "사람들을 너무 피하는 게 아닌가요. 그러다가 진짜 좋은 사업 정보나 아이디어를 놓칠 수도 있지 않습니까?"라고 묻자 그는 "사실 전 유선전화도 잘 안 받습니다. 어느 때부터인지 저를 찾는 전화벨이 5분 간격으로 울리더군요. 거의 대부분 무엇을 해달라는 식의 요청이었죠. 가만히 생각해 보니 전화 때문에 제가 하고 싶은 일에 방해가 되는 일이 많더군요. 그러면 본질에 집중하기 힘들어집니다. 휴대전화가 없어도 전혀 불편하지 않아요"라고 말했다고 한다. 자신의 몰입을 방해하는 휴대전화를 거부한 것이다.

물론 연습이나 노력 없이도 쉽게 몰입하는 경우가 있기는 하다. '테트리스'라는 게임을 좋아한다면 아마도 저녁에 누워 잠이 들기 전 천정이 테트리스 게임판처럼 보일 것이다. 하늘에서 떨어지는 갖가지 모양의 블록을 가지고 가상의 게임을 한다. 당구를 쳐본 사람들은 당구점수 100이 넘어서는 때가 몰입의 최대 정점 순간이다. 천정이 당구대처럼 보이고 심지어 밥상마저도 당구대처럼 눈에 아른거린다. 이렇듯 사람들이 포커

• 오기발동 모드 •

게임, 고스톱, 바둑, 장기 등에 빠지는 이유는 분명한 목표와 즉각적인 피드백이 있어 자신이 무엇을 잘했고 못했는지 판단할 수 있기 때문이다. 당신이 만든 과제에 대한 결과를 누군가 즉각적으로 피드백하고 보상해 준다면 당신은 그 과제에 몰입할 게 분명하다. 그렇다면 이렇게 생각해 볼 수 있다. 즉 어떤 일에 몰입하기 위해서는 바로바로 피드백을 받을 수 있는 장치를 마련하는 것이다. 사람들은 흔히 마라톤이 가장 힘든 경기라고들 말한다. 잘 알려진 대로 자기 자신과의 싸움이기에 그렇다. 다른 사람들과 공을 주고받는 구기종목은 상호 피드백이 있어 힘들긴 해도 그 안에서 재미를 추구한다. 당신이 무엇에 집중, 몰입하는 데 어렵다면 피드벡 받을 수 있는 시스템을 한번 생각해 보는 것도 좋다. 굳이 이름을 붙인다면 자신을 위한 '셀프 피드백 시스템' 정도 될 것이다. 당신이 가진 생각의 힘을 행동의 힘으로 바꿀 수 있는 것은 '집중과 몰입'을 통해서다. 지식, 정보화 사회에서 인정받는 법은 work hard가 아니라 think hard다. 천천히 깊게 오랫동안 생각을 숙성시키면서 재미있게 빠져들어보자.

거침없이 결정하고 행동하라

Five 03 Energy

주변의 도움이나 조언을 받기보다는 스스로 변화를 주도하라.
비록 그 속도가 늦더라도 정지해 있는 다른 사람들보다 먼저 도착할 수 있다.
자발적으로 의사결정을 내려야 한다.

      사람들의 살아가는 방식은 저마다 모두 다르다. 자신이 원하는 대로 삶을 살아가는 사람도 있고, 자신의 뜻과는 상관없이 주위 사람들의 기대와 바람에 밀려 살아가는 이들도 있다. 그리고 정해진 규칙에 얽매어 있거나, 적절하지 못한 피드백 때문에 눈치나 보면서 내 것을 포기한 채 살아가는 사람들도 있다. 그럼에도 불구하고 '다른 사람들도 나와 같겠지'라는 오해를 한다. 그러나 그런 생각은 진짜 당신의 오해다. 다른 사람들도 나와 같을 것이라는 생각을 버려야 한다. 남들과 다른 나만의 삶을 사는 게 더 중요하니까…

주어진 여건과 상황에 따라 판단하고 선택에 대해 책임져야 하는 건 나 자신이다. 주변에서 들려주는 말과 조언이 우리에게 득이 될 수도 있지만 해가 되는 경우도 사실 많다. 세상은 일반적인 원칙을 따라 움직이기도 하지만 그렇지 않은 예외도 많다. 중요한 것은 당신이 미래에 대한 의지가 강할수록 행동이 뒤따른다는 점이다. 아울러 무슨 일이든지 당신이 결정해야 한다는 점이다. 다른 누구도 아닌 바로 당신 스스로가 무엇을 해야 할지 결정해야 한다. 당신이 해야 하는 것을 모르고 우유부단하게 이리저리 휘둘리면서 남 눈치 보는 동안에도 시간은 흘러간다. 그렇다면 어떻게 해야 할까?

첫째, 의사결정을 자발적으로 하라. 당신은 누군가의 강요와 압박에 의해 행동하는가? 아니면 자발적으로 행동하는가? 흡연자들 중 담배를 끊으려고 결심해 보지 않은 사람은 없다. 어떤 사람들은 해가 바뀔 때마다 가족들에게 금연 약속을 한다. 열 손가락 모두 꼭꼭 걸고서 말이다. 그런데 독하게 마음먹고 금연에 성공한 사람들을 살펴보면 금연 보조제 등을 사용한 경우보다 스스로 독한 마음을 갖고 행동한 사람들이 더 많다. 즉 마음속 의지와 실천이 금연을 성공으로 이끈다는 얘기다. 외부의 어떤 도움도 바라지 않고 스스로 자발적으로 움직였을 때 성공 가능성이 더 높아진다. 성적이 좋지 않아 열심히 공부하려고 마음을 다잡고 있는데, 그때 하필 엄마가 와서 "너 성적이 떨어졌으니 지금부터 쉬지 말고 열심히 해야 돼 알았지!"라는 말을 듣는다면 오히려 공부를 하고픈 의욕이 떨어진다. 주변의 도움이나 조언을 받기보다는 스스로 변화를 주도하라. 비록 그 속도가 늦더라도 정지해 있는 다른 사람들보다 먼저 도착할 수 있다. 주변의 도움을 바라지 않고 자발적으로 의사결정을 내려야 한다.

둘째, 당신의 '굿 타이밍 good timing'을 찾아라. 결정은 '타이밍'이다. 가장 좋은 순간을 '굿 타이밍'이라고 한다. 무엇을 하더라도 가장 적절한 순간이 있게 마련이다. 이런 타이밍이 성공과 실패를 결정짓는다. 좋은 순간을 포착하기 위해서는 정확한 정보와 올바른 가치관을 갖추고 있어야 가능하다. 그런데 대부분의 좋은 타이밍은 뒤가 아니라 앞에 있는 경우가 더 많다. 뒤로 미루면 앞에서 쌓은 경험이 도움이 될 수는 있어도 결정적인 타이밍은 아니다. 좋은 기회는 분명 앞에서 더 많이 찾아온다. 백화점에 진열된 물건도 앞에 있는 것이 뒤에 숨겨진 것보다 좋게 마련이다. 소비자가 좋아할 만한 신상품이 앞에 배치되는 것과 같은 이치다. 행동으로 실천할 때 역시 뒤로 미루지 않는 자세가 중요하다. 당신의 굿 타이밍은 내일이나 먼 훗날이 아닌 바로 '지금'이다. 당신이 뒤로 미루고 늦추는 순간 가장 좋은 기회는 두 번째, 세 번째로 넘어간다는 사실을 기억하라.

셋째, 안에서 밖으로 나가라. 영국의 화가 터너의 작품 가운데 〈바다와 폭풍우〉라는 그림이 있다. 그는 이 그림을 그리기 위해 폭풍우가 몰아치는 날 기꺼이 배에 올랐다. 배를 집어삼킬 듯한 거센 풍랑과 싸우면서 그는 폭풍우를 직접 확인했다. 그 후 화실로 돌아와 그린 그림은 어떤 그림보다 생동감이 넘쳤다. 물론 터너는 직접 눈으로 확인하지 않고도 폭풍우가 치는 바다를 그릴 수 있었지만, 좀더 좋은 그림을 그리기 위해 위험을 무릅쓰고 폭풍우로 뛰어들었다. 당신이 지금보다 더 나은 결과를 얻기 원한다면 안락한 화실에서 떠나라. 그 자리에 앉아 생각만 하지 말고 밖으로 나가 행동하라.

넷째, 신속히 실행하라. 결정의 시기를 잘 선택했다면 신속하게 실행Action해야 한다. 실행으로 움직일 때 가장 어려운 순간은 맨 처음이다. 맨 처음 어떻게 할 것인지를 결정해야 한다. 모든 일은 처음을 어떻게 시작하는가에 따라 달라진다. 첫 단추를 잘 꿰어야 나머지 단추도 잘 맞출 수 있는 법이다. 그러다 보니 처음 일을 도모할 때에는 다른 때보다 더 많은 힘이 들어간다. 차력사가 정지해 있는 차를 끌 때 가장 힘들다고 느껴지는 시기가 첫 이동 순간이다. 마찰력이 최대화되기 때문인데, 일단 사람의 힘으로 정지해 있는 자동차의 마찰력을 이겨내는 순간만 극복한다면 그 이후부터는 일사천리다.

또한 우리가 무엇을 할지 결정하고 이를 가장 먼저 실행할 때 필요한 것은 용기와 남다른 에너지다. 누구나 처음이 힘들고 외롭다. 따라서 용기가 필요하고 그런 용기가 바탕이 되어 실제 행동으로 옮기는 에너지가 필요한 것이다. 처음 뭔가 도모할 때 느끼는 긴장과 두근거림은 나중에 하는 사람은 모른다. 그 같은 두근거림을 즐길 줄 알아야 한다.

다섯째, 열정을 갖고 지속하라. 한마디로 지속 모드다. 무슨 일이든 지속성을 갖고 있어야 성과를 낼 수 있다. 경력도 지속성 측면에서 봐야 한다고 생각한다. 몇 년 동안 어느 자리에 있었는지가 중요한 게 아니라, 어떤 일을 하면서 어떤 성과를 만들어냈는지가 더 중요하다. 또한 그 성과를 지속해서 만들어낼 수 있는 역량을 가지고 있는지의 여부가 중요하다. 오랫동안 한 가지 일을 해왔어도 결과를 내지 못하는 사람도 물론 있다. 이런 사람이라면 일에 대한 자신의 열정을 다시 한번 점검해 봐야 한다. 열정과 지속성은 수레에 달린 두 바퀴와도 같다. 어느 하나가 망가지면 수레가 달릴 수 없듯이 열정 하나만으로, 또는 지속성 하나만으로는 좋은 결과를 낼 수 없다. 지구력이 강한 사람이라면 열정을 챙겨야 하고, 열정이 강한 사람이라면 멀리 내달릴 수 있는 지속성을 점검해 봐야 한다. 두 가지를 겸비해야 한다는 얘기다.

위에서 소개한 다섯 가지는 당신의 생각과 행동을 결정하는 데 도움이 되는 요소들이다. 그런데 여기에 덧붙여 당신의 행동을 가장 많이 방해하는 적이 있음을 말하고 싶다. 다름 아닌 '게으름'이다. 게으름은 우리 삶에서 과감하게 끊어내야 할 독 중에 맹독이다. 나 자신도 모르는 사이 내 몸에 익숙해진 게으름을 떨쳐내기란 여간 쉽지 않은 일이다. 옆 페이지에 소개된 내용을 한번 살펴보기 바란다. 모두 8단계의 고리로 되어 있는데, 우리 마음속에 있는 8가지 고리를 당장 끊어버려야만 과감하게 결정하고 행동하는 데 도움이 된다.

• 오기발동 모드 •

게으름의 8단계

① 목적을 잃지 않는다.
"이번에는 정말 일찍 시작해야지"

② 긴장한다.
"곧 시작해야 하는데…"

③ 죄의식이 든다.
"이미 시작했어야 하는데…"

④ 잘못된 확신을 갖는다.
"아직 시간이 있어"

⑤ 절망하기 시작한다.
"나는 무엇이 문제일까?"

⑥ 심하게 고통을 느낀다.
"이젠 더 이상 미룰 수 없어"

⑦ 결국 늦게 시작한다.
"늦었지만 지금부터 해보자"

⑧ 같은 일이 반복된다.
"다음에는 더 일찍 시작해야지"

'147 : 805 법칙'

Five 04 Energy

미쳐라. 그러려면 좋아하는 일을 하라. 좋아하라.
그러면 미칠 수 있다. 사람에 미치고, 삶 자체에 미쳐라.
사람을 좋아하고, 일을 좋아하라. 미치고 좋아하는 방법을 찾아라.

지금부터 소개하는 세 가지 이야기를 통해 당신의 의지를 한번 점검해 보도록 하자. 하나는 외국 사례, 나머지 둘은 우리나라의 사례다.

첫 번째 이야기

여러분도 잘 아시겠지만 철인 3종 경기 Triathlon라는 게 있다. 다소 무모하다고 생각될 수도 있지만 인간의 한계를 시험해 볼 수 있는 경기다. 바다수영 3.9킬로미터, 도로사이클 180.2킬로미터, 마라톤 풀코스 이렇게 세 종목을 17시간 안에 완주해야 하는데, 정해진 시간과 룰 안에 완주하는 선수를 사람들은 '철의 남자Iron man'라고 부른다. 정상인도 소화해 내기 힘든 경기임에도 혼자서 걷지도 못하는 중증 장애인 딕 호잇Dick Hoyt은 자신의 아버지 릭 호잇Rick Hoyt의 도움으로 지금까지 8회나 완주했다. 자신의 힘으로는 도저히 해낼 수 없는 경기를 한번 시도해 보겠다는 아들의 도전정신, 그리고 그런 아들의 바람을 위해 많은 시간과 정력을 바쳐 헌신한 아버지의 감동적인 도전기는 많은 이들에게 꿈과 희망을 심어주었다. 전신마비 장애를 겪고 있는 아들을 정상인과 동일한 방법으로 키우겠다고 생각한 아버지 릭 호잇은 아들이 어렸을 때부터 각종 스포츠를 아들과 함께 시작했다. 이 같은 아버지의 적극적인 헌신과 희생이 있었기에 전신마비 장애인 딕 호잇은 불가능한 꿈을 현실로 만들 수 있었다. 두 사람은 마라톤 완주를 90회 그리고 47일 동안 미국을 횡단해 냈다. 포기하지 않는 도전정신, 피나는 훈련과 노력이 이뤄낸 기적이다.

두 번째 이야기

집안 형편이 넉넉하지 못해 학비를 면제받을 수 있는 해군사관학교에 지원해야 했던 남자. 비록 해군사관학교에 합격했으나 나이가 많아 입학을 거부당해 육군사관학교에 도전해야 했던 남자. 그는 입학생 164명 가운데 61등으로 졸업했다. 성실함으로 소령까지 초고속 진급했지만, 13년 동안 소령 자리에 머물러 있었다. 그러다 나이 마흔일곱이 되어서야 간신히 중령으로 승진한 남자. 하지만 그는 이후 소장과 중장을 동시에 승진하고, 1년 후 1943년에는 대장으로 승진, 1944년에는 원수로 승진했다. 그리고 1953년 미국 34대 대통령으로 취임했다. 그의 이름은 '드와이트 아이젠하워'다. 성공이란 견디기 힘든 어려운 역경에 처하더라도 포기하지 않고 끝까지 물고 늘어지는 자의 프리미엄 Premiun 이 아닐까.

세 번째 이야기

2008년 8월 12일 베이징올림픽 역도경기장. 대한민국의 이배영 선수는 인상 155킬로그램을 들어 올려 종전 한국신기록인 154킬로그램을 경신하며 좋은 출발을 보였다. 하지만 용상 1차 시기에서 갑작스런 왼쪽 장딴지 통증으로 경기장 바닥에 쓰러졌다. 설상가상으로 다리에 경련이 일고 동시에 왼쪽 발목마저 미끄러져 부상을 당했다. 이후 2, 3차 시기에 나섰지만 무거운 바벨을 들어올리는 데 모두 실패했다. 마지막 3차 시기, 그는 186킬로그램의 바벨을 어깨까지 얹으며 '클린 Clean' 동작까지 성공을 했지만, 머리 위로 올리는 '저크 Jerk'에서 무릎이 무너지며 앞으로 고꾸라지고 말았다. 그는 넘어지면서까지 바벨 잡은 손을 놓지 못해 4년 동안 갈고 닦은 메달의 꿈이 무너짐을 겪었다. 경기를 마친 후 이배영 선수는 "메달 따는 데 실패했지만 최선을 다했다. 4년을 기다려온 기회였기에 2, 3차 시기를 포기할 수 없었다. 만약 포기했다면 평생 후회했을 것이다. 죽는 한이 있더라도 들고 싶었다"며 강한 아쉬움을 털어놨다. 이후 이배영 선수는 5,000명의 응원 댓글이 달린 선수에게 주는 순금 팬던트(순금 5돈)의 주인공이 됐다. 이는 쓰러져도 바벨을 끝까지 놓지 않은 투혼의 역도선수 이배영에게 주는 네티즌의 선물이었다.

'147 : 805법칙'이란 것이 있다. 이 법칙은 에디슨이 전구를 발명하는 데까지 147번의 실패를, 그리고 라이트 형제가 비행에 성공하기까지 무려 805번의 실패를 했다는 데에서 비롯된 말이다. 그러니까 성공하기 위해서는 실패를 밥 먹듯 해야 한다는 얘기다. 혹자는 실패한 사람의 95%가 진짜 실패한 게 아니라 도중에 포기한 것이라고도 말한다. 따라서 포기하지 않는 5%에 들고자 노력해야 하는 것이다. 147번의 실패, 아니 805번의 실패에도 좌절하지 않는 끈기와 집중은 남들이 보기에 미친 짓일 수도 있다. 하지만 그러한 열정과 행동이 없다면 숱한 실

• 오기발동 모드 •

패가 빛을 보지 못한 채 실패로 끝날 것이다. 흔히 말하기를 '실패를 두려워하지 마라' 고들 한다. 말처럼 쉽지 않으니까 문제이겠지만…

유명한 정치가- 윈스턴 처칠이 옥스퍼드 대학 졸업식에서 행한 단 세 단어의 축사는 너무나 유명하다. 처칠이 졸업식 연단에서 청중을 바라보며 던진 첫마디는 바로 '포기하지 마라!Never give up!' 였다. 그리고 목청을 가다듬고 다시 소리쳤다. '포기하지 마라!' 그리고 처칠은 연단에서 내려갔다. 처칠은 세계평화를 위해 싸운 지도자였으나 사실 그는 비참한 현실을 견뎌낸 삶을 살았고, 60세부터 인생의 전성기를 맞은 인물이다. 불행한 가정, 가난, 배반, 패배로 얼룩진 삶을 살았지만 그는 끝까지 포기하지 않는 인생을 살다 갔다. 자신의 삶에서 가장 중요한 교훈을 세상 젊은이들에게 짧지만 강력한 메시지로 남겼다.

'포기하지 마라!'

이번에는 자기 자신을 극복하여 귀감이 되는 사례를 한번 살펴보자.

김규환 명장 名匠 은 우리가 너무나 잘 아는 사람이다. 그는 초등학교 문턱조차 가보지 못했다. 기술 하나 없이 25년 전 대우 중공업에 사환으로 입사하여 마당 쓸고 물 나르면서 회사생활을 시작했다. 그런 사람이 훈장 두 개, 대통령 표창 4번, 발명특허 대상, 장영실상을 5번이나 받았다. 그리고 1992년 초정밀가공 분야 명장으로 추대되었다. 그의 집 가훈은 '목숨 걸고 노력하면 안 되는 일 없다'라고 한다. 그래서인지 그의 선배 한 명이 비누세재로 기계를 모두 닦으라고 시킬 때 그는 2,162개의 기계를 다 뜯고서는 선배가 시키는 대로 세재로 닦았다고 한다. 덕분에 기계에 대한 모든 것을 알 수 있었다. 국가기술자격 학과에서 9번 낙방, 1급 국가기술자격에 6번 낙방, 2종보통운전에 5번 낙방하고 창피해 1종으로 전환하여 5번 만에 합격했다. 그런 그가 현재 5개 국어를 구사한다. 학원에 다녀본 적도 없지만 하루에 한 문장씩 외웠다.

하루 한 문장을 외우기 위해 벽, 식탁, 화장실문, 사무실 책상 가는 곳마다 붙이고 시간이 날 때마다 들여다봤다. 이렇게 하루에 한 문장씩 1년, 2년 꾸준히 하니 나중에는 외국 바이어들 앞에서도 제품을 설명할 수 있는 수준이 되었다. 그를 보면서 무엇을 느끼는가?

• 오기발동 모드 •

기회는 오는 것이 아니라 만들어가는 것이다. 또한 자신이 하고 싶은 일에 적극적일 필요가 있다는 것을 느끼기 바란다.

광동제약 영업본부장 김현식 전무는 1999년 실적 부진으로 해체 및 인원 감축의 수순을 밟고 있던 유통사업부를 맡게 되었다. 당시에는 비타민C 열풍이 크게 불었지만 아무도 의약품으로만 판매되던 비타민C 제품을 드링크로 만들 생각에는 미치지 못했다. 그의 머릿속에 문득 '이걸로 드링크를 만들면 성공하겠구나' 하는 생각이 떠올랐다. 김전무는 우선 전사적인 반대를 찬성 쪽으로 돌리기 위해 부단히 노력했다. 우선 '비타500'과 관련된 모든 일을 업무 외 시간에만 작업하며 고집스럽게 밀어붙였다. 개발부와 함께 업무 외 시간을 투자해 밤늦게까지 남아 개발작업을 시작했다. 잠을 새는 날도 부지기수였다. 시간이 지나자 주위에서는 이러한 노력을 알아주기 시작했다. 광동제약은 외환위기 직후 한때 1차 부도를 내며 사활의 위기에 놓여 있었고, 유통사업부는 구조조정 1순위로 손꼽히고 있었으니 전화위복이라고 해야 할까. '비타500'은 결국 광동제약을 회생시킨 일등공신으로 자리를 잡았다. 비타500은 이미 세계에서 팔리고 있다. 힘들었던 만큼 보람도 클 것이 분명하다.

"돌이켜보면 지난 몇 년간 비타민C 음료를 만들겠다고, 또 많이 팔아보겠다고 에너지를 한꺼번에 쏟아 부어 지쳐버렸지요. 그러나 비타500이 히트를 치면서 음료시장 흐름을 바꾸고 몸담은 회사에도 큰 기여를 하는 걸 보니 뿌듯합니다. 이런 맛에 일하는 게 아닐까 싶어요."

불광불급과 비슷한 말로 인생은 지광광지至狂狂至라는 얘기가 있다. 목적에 도달하려면 미쳐야 하고, 미치지 않으면 목적을 이룰 수 없다는 뜻이다. 남이 부러워할 만한 목표에 도달한 사람치고 미친 듯 일하지 않은 사람은 없다. 미쳐라. 그러려면 좋아하는 일을 하라. 좋아하라. 그러면 미칠 수 있다. 사람에 미치고, 삶 자체에 미쳐라. 사람을 좋아하고, 일을 좋아하라. 미치고 좋아하는 방법을 찾아라. 모르는 건 배우고, 안 되는 건 익숙해지도록 노력하고, 힘든 것은 즐겁게 하고, 실수는 딛고 일어서면서 말이다.

우리가 어떤 일을 포기하는 이유는 그 일이 어려워서가 아니라 진정으로 원하지 않기 때문이기도 하다. 사람들은 하기 싫은 일에는 핑계를 찾지만 하고 싶은 일에는 방법을 찾는다고 한다.

• 오기발동 모드 •

어쩌면 이런 모습이 우리 인간의 속성이다. 힘없이 주저앉아 있는 당신, 지금 당장 자리에서 벌떡 일어나 무엇에 미칠 것인지 결정했는가?

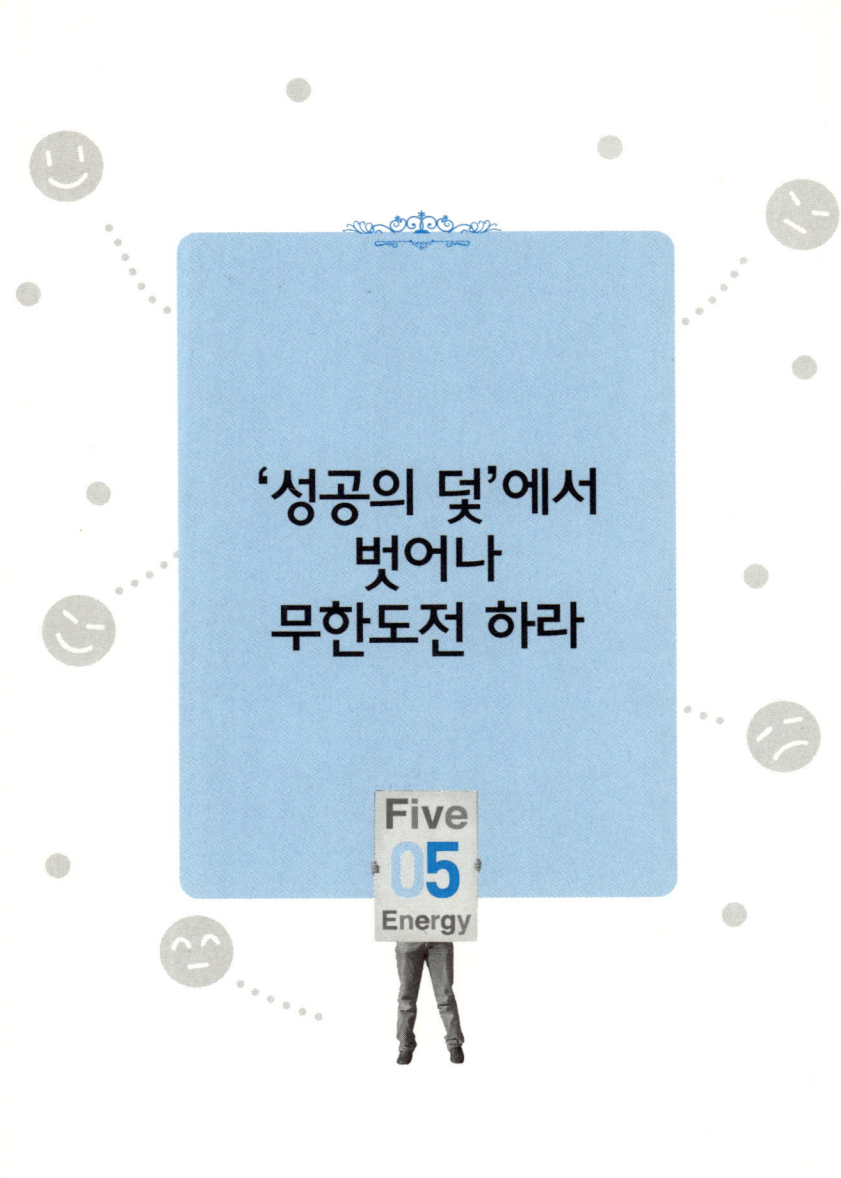

'성공의 덫'에서 벗어나 무한도전 하라

Five 05 Energy

누구나 인생의 기로에서 다쳐본 경험을 가지고 있다.
그 경험은 자신에게 해가 될 수도 있고, 보탬이 되기도 한다.
그것을 결정하는 것은 당신이다.
리셋 버튼을 누르면 당신의 시스템은 다시 시작된다.

런던 비즈니스스쿨의 도널드 설 박사는 '활동적 타성 Active Interia' 이라는 말을 썼다. 이 말은 과거의 성공 방식만을 고수하다 몰락하는 기업들의 실패 원인을 얘기하는 것인데, 많은 기업들의 실패 원인이 '타성(굳어진 버릇)' 에서 비롯된다는 지적이다. 특히 잘나가는 기업일수록 '활동적 타성' 에 대한 위험이 더 높다고 한다. 휴대전화 업계에서 1위 자리를 지키던 모토롤라가 현재 노키아와 삼성에 밀려난 이유도 '레이저폰' 의 성공에 취해 3세대 휴대전화의 등장에 둔감했기 때문이다. 우리 개인도 마찬가지다. 자신의 특정한 패턴을 고수하는 경향이 누구에게나 있다. 특히 성공한 사람들은 이런 '활동적 타성'에 젖기 쉽다. 그런데 정작 자기 자신은 그런 사실조차 모른다. 이른바 덫에 걸린 것이다.

한번의 성공이 연이은 성공으로 이어지기 위해서는 활동적 타성에서 벗어나야 한다. 지금은 바야흐로 정보화 시대, 변화의 시대다. 하루 자고 일어나면 세상이 이만큼, 저만큼 변해 있다. 정보에 뒤져서도 안 되고 변화에 둔감해서도 안 된다. 새 술은 새 부대에 담아야 하듯 한번 성공한 기술, 생각, 정보들을 끊임없이 업그레이드시켜 새롭게 세팅해야 한다. 실제로 자신의 성장이 잠시 주춤한 것처럼 느껴진다면 스스로 한번 '활동적 타성'에 젖어 있는 건 아닌지 점검해야 한다. 지금처럼 세상이 급변하는 환경에서는 과거의 '성공자'보다는 오히려 벤처정신을 가진 '모험자'가 필요하다. 그렇다면 '성공의 덫'에서 벗어나 더 큰 성공을 도모하려면 어떻게 해야 할까?

첫째, 과거의 성공 방식을 너무 믿지 말아야 한다. 과거의 성공 방식을 고집스럽게 따르지 말라는 것이다. 둘째, 내가 가장 최고라는 생각, 즉 '우월의 함정'에서 벗어나야 한다. 우월주위에 빠져 있으면 적이 많이 생기고 외로울 수밖에 없다. 셋째, 불안한 미래에 대한 생각을 버려라. 대신 현재를 중심으로 생각하는 '생각의 습관'을 가져라. 넷째, 나보다 경험과 지식이 적다고 하여 듣지 않으려는 '귀 막음'을 뚫어라.

　작은 성공에 우쭐한다면 거기에 머물 수밖에 없다. 잠시 동안은 안락하지만 그것이 바로 달콤한 유혹이 되어 덫에 빠진다는 점을 잊지 말아야 하겠다.
　그리고 또 한 가지, 한번 성공 후 실패했을 때에는 어떻게 해야 할까. 무너져 내리는 심장을 부여잡고 펑펑 울어야만 하는 걸까. 아니다. 누구나 인생의 기로에서 다쳐본 경험을 가지고 있다. 그 경험은 자신에게 해가 될 수도 있고, 보탬이 되기도 한다. 그것을 결정하는 것은 당신이다. '리셋Reset' 버튼을 누르면 당신의 시스템은 다시 시작된다. 과거의 실패를 모두 지워버리고, 과거 흔적을 아예 없애서 자신이 기억하고 싶은 좋은 기억만 남겨버린다. 그런데 이런 사람들은 실패를 용납하지 않는 성향이 강해서 단 한번의 커다란 실수가 삶을 엉망진창으로 만들어버리고 만다. 성공 경험으로 자신감만 가지고 있기 때문에 실패를 통해 배운 교훈이 없다. 안다는 것은 시행착오를 통해 배우는 것이다. 또한 실수를 인정할 때 배움이 생긴다. 그러나 집착과는 다르다. 당신이 한번 실패나 실수에 집착하다 보면, 계속 (실패를) 반복하지만, 실패를 인정하면 (실패에서) 배우고 성장할 수 있다.

신문을 보면 잘나가던 기업가가 단 한번의 실패로 회사의 문을 닫게 되고, 스스로 목숨을 끊는 경우의 기사가 종종 실린다. 그런데 자세히 보면 다시 일어서지 못하는 사람들의 공통점이 있다. 그것은 지금까지 계속 성공의 길만 걸어온 사람들이었다는 점이다. 그러나 바닥을 경험해 본 사람들은 언제나 일어설 수 있다. 그게 바닥임을 알기에… 그들에겐 이제 일어서는 일만 남았다는 것을 너무나 잘 알기에 말이다. 한번도 바닥을 경험해 본 적이 없는 사람들이라면 다시 일어나는 방법조차 모른다. 알고 있더라도 예전의 화려했던 과거만 생각하면 삶이 너무 힘들기만 하다.

한 성공한 기업가가 성공 요인에 대한 질문에 멋지게 응수했다. 그의 대답은 '잘된 결정 때문에'였다. '어떻게 잘된 결정을 내렸는가?'라고 묻자 '경험을 통해서'라고 말했다. 마지막으로 '경험은 어떻게 얻었는가?'라고 묻자 '잘못된 결정을 통해서'라고 대답했다. 당신이 만약 지금 실패와 어려움을 겪고 있다면 하늘이 당신에게 더 큰 기회와 성공을 주기 위한 '전주곡'이라고 여겨라. 낙뢰를 맞은 대추나무가 값도 더 비싸고 좀더 귀하게 사용된다. 참고로 극작가 버나드쇼의 묘비명에 새겨진 글귀가 귀감이 될 수 있을 것이다.

• 오기발동 모드 •

"우물쭈물하다가 내 이럴 줄 알았다!"

버나드쇼가 죽기 전 스스로 적은 글이라고 알려져 있다. 자신이 하고자 하는 것을 행동으로 옮기지 못한 회한이 고스란히 느껴진다. '내가 만들고 싶은 삶은 어떤 모습인가?', '원하는 삶을 만들어가려면 지금 어떻게 행동해야 할까?' 이 두 가지 질문을 끊임없이 스스로에게 되물어야 한다.

끝으로 '당신은 언제 미쳐보았는가?' 라는 질문을 던져보겠다. 비록 한두 가지가 부족하더라도 끊임없이 행行한다면 어느 순간 길이 열린다. 단순 무식한 지속성 앞에서 이겨낼 수 있는 것은 아무것도 없다. 10대는 배움에 미치고, 20대는 사랑에 미치고, 30대는 일에 미칠 수 있어야 한다는 말이 있다. 과연 맞는 말일까? 꼭 그렇지는 않다. 당신이 뭔가에 미치고 싶거나 미쳐야 한다면 적당한 때와 대상이란 없다. 70대에 새롭게 배우는 사람도 있고, 80대에 사랑에 빠지는 할아버지, 할머니들도 있지 않은가. 재능이 있는 사람은 열심히 하는 사람을 못 이기고, 열심히 하는 사람이 즐기는 사람을 못 이긴다. 뭔가에 미친다는 것, 또 하나의 즐거움이 분명하다.

3장

남다른 비밀무기를 만들어라, 비기秘氣

"배짱을 가지고 자신의 능력을 개발하고, 자신이 꿈꾸는 삶을 살아라. 전진하라, 그러고는 꿈을 실현하라."

— 에머슨

당신만의 비밀무기는 무엇인가?

Five 01 Energy

비기란 '역량'을 얻을 수 있는 기운이다.
이런 기운은 경쟁에서 필요한 당신의 능력을 점검하고,
자신이 잘하는 일을 더 잘하게 만들며,
따라올 수 없는 월등함을 갖추고자 노력할 때 생긴다.

    이번 장은 당신이 갖고 있는 재능에 관한 얘기다. 그것도 남들이 모르는 비밀스러운 재능 말이다. 다른 말로는 비기라고 할 수 있다. 남다른 경쟁력을 갖추고 싶은 사람, 미래에 대한 준비가 필요한 사람, 자신이 어떤 능력을 갖추어야 하는지 궁금한 사람, 월등함을 갖추기 위해 매사에 노력하는 사람, 치열한 경쟁에서 이기고 싶은 사람, 해야 하는 것과 하고 싶은 것 사이에서 갈등하는 사람들에게는 도움이 될 수 있을 것이다. 아래의 내용을 함께 읽어보자.

프로농구 선수들이 연습장에서 맹훈련을 하고 있다. 감독과 코치는 수시로 지시를 내리고, 선수들은 거친 호흡과 땀으로 뒤범벅이다. 프로들은 누가 뭐랄 것도 없이 자발적이다. 쉬는 시간이 되어도 맘껏 쉬는 선수는 찾아보기 드물다. 자신에게 부족한 부분을 채우기 위해 땀을 흘리거나 자신만의 특기를 더욱 연마하는 데 정신이 없다. 프로들은 자신이 가진 능력을 보여줌으로써 몸값을 받는 사람들이다. 그런데 프로라고 모두 높은 연봉을 받는 건 아니다. 그들은 경기시간 내내 자신의 모든 역량을 보여주어야 하고 혹독한 평가를 받는 사람들이다. 좋은 모습을 보여줄 수 없다면 아무것도 아니다. 그렇다면 무엇이 그들의 연봉을 결정지을까. 혹자는 재능이라고 말할 수도 있겠다. 그러나 재능은 초반에 남들이 어려워하는 것을 조금 쉽게 할 수 있도록 만드는 정도에 불과하다. 그 답은 선수들의 경기 모습을 보면 쉽게 알 수 있다. 가령 지금 코트에서 뛰는 11번 선수는 공간돌파 능력의 귀재다. 그래서 다른 사람들보다 공을 갖고 있는 시간이 많다. 그리고 15번 선수는 빈 공간을 확보하는 데 탁월하다. 선수들이 패스하기 어려운 상황을 맞으면 대부분 저 친구를 찾는다. 그리고 저 선수는 리바운드가 좋고, 저 선수는 슈팅력이 정확하다.

　이처럼 각 선수들이 갖고 있는 강점이 하나씩 있다. 진정한 프

• 오기발동 모드 •

로로 대접받는 선수들이라면 남이 못 따라올 나름의 강점強點을 하나씩은 갖고 있다. 장점이 아니라 강점이라는 점에 주목하자. 그런데 아마추어들은 그 사실을 알지 못한다. 단순히 장점으로만 이해하는 것이다. 그렇다면 장점과 강점은 어떻게 다를까?

내가 생각하기로는 '난 슈팅을 잘해', '난 리바운드를 잘해', '난 수비를 잘해' 등등 자신이 스스로 잘한다고 생각하는 것은 장점이지만, 그 장점을 개발하고 훈련하면서 남보다 더 뛰어난 기술을 만들어낸 것이 강점이 아닐까 싶다. 그리고 자신의 강점으로만 만족하는 게 아니라 또 다른 강점을 만들어내는 자세다. 자신만이 해낼 수 있는 뭔가를 개발하지 않고 무작정 전쟁터에 나가 싸워서 이길 수 있는 사람은 없다. 그래서 사람은 누구나 비기를 갖고 있어야 하는 것이다.

비단 고액 연봉을 받는 프로 선수뿐 아니라 누구에게나 비기가 필요하다. 비기를 간단히 정리하면 이렇다.

> • 자신만 가지고 있는 비밀스런 기술을 개발 •
> • 은밀한 재주나 숨겨진 힘 •

경기가 진행되는 동안 감독과 코치는 이길 수 있는 전략을 세우고 방법을 찾는다. 선수들은 감독의 지시에 따라 움직인다.

그리고 대부분의 경기는 아주 짧은 순간에 승부가 결정난다. 선수들은 저마다 남다른 특별한 기술을 가지고 있다. 남들이 넘볼 수 없는 리바운드 기술, 빠른 발로 빈 공간을 확보하는 기술, 순간 돌파력으로 상대 수비진을 당황하게 만드는 기술, 고공 점프와 강한 덩크슛 등등 말이다. 그렇다면 당신은 당신만의 강점과 비기를 개발하고 있는가?

비기秘氣란 '역량competency'을 얻을 수 있는 기운이다. 이런 기운은 경쟁에서 필요한 당신의 능력을 점검하고, 자신이 잘하는 일을 더 잘하게 만들며, 따라올 수 없는 월등함을 갖추고자 노력할 때 생긴다. 미래는 우리 생각보다 성큼성큼 다가온다. 아무 준비 없이 미래를 맞는다면 답은 뻔하다. 그렇다면 어떤 마음가짐, 어떤 무기로 미래를 맞아야 할까? 한번 생각해 볼 문제다.

잠시 회사의 조직 얘기를 좀 해보겠다. 당신이 직장인이라면 회사에 출근하는 순간부터 경쟁에 노출된다. 이런 경쟁 속에서 '전문가'가 아니면 살아남기 어렵다. 기업 간 경쟁은 구성원들이 어떤 역량을 얼마나 가지고 있는가에 따라 결정되기 때문에 조직은 각 개인에게 경쟁력을 갖추라고 압력을 넣는다. 열심히 공부해서 바늘구멍보다 좁은 취업문을 뚫긴 했지만 비기가 없다면 금세 도태될 수 있다. 일반적으로 신입사원은 자신이 빨리

• 오기발동 모드 •

전력화되기 위해서 소속팀이 자신에게 요구하는 것이 무엇인지 파악하는 게 우선이다. 그리고 기본기를 닦으며 직장인으로서 현실 감각을 익혀야 한다. 대리부터 과장까지는 업무에서 중심이 되는 사람들이다. 성과를 만들어내는 최일선에 있다. 그렇기 때문에 관련 업무에 대한 정통한 지식과 정보를 갖춤과 동시에 자신만의 특별한 업무기술 또는 네트워크를 구성해야 한다.

차·부장급은 리더들이다. 리더는 자신이 일을 해내는 게 아니라 구성원의 재능을 통해 일을 만들고 성과를 창출하는 사람들이다. '그들이 가치 있는 일을 하고 있구나' 라는 생각을 하도록 만들고, 성과에 대한 적절한 보상을 해주며, 동시에 회사전략의 실행을 가능케 해야 한다. 혁신도 주도해야 한다. 그런데 문제는 사람들이 일단 직장에 들어오면 자기 업무에 필요한 일 외에는 따로 개발할 필요성을 못 느낀다는 점이다. 하지만 오늘날 변화는 너무 빠르게 진행되고, 그 변화의 크기도 크다. 따라서 전 구성원이 치열한 생존 구조에서 살아남으려면 새롭게 요구되는 역량을 갖춰야 한다. 그러기 위해서는 수시로 서점에 들러 새로운 책이나 베스트셀러를 보면서 변화의 물결을 체감하고 강의를 통해 필요한 역량을 습득하는 것이 유용하다. 봄이 오면 싹이 돋고, 가을이 되면 낙엽이 지듯, 세월의 조류에 맞춰 새로운 옷으로 갈아입어야 한다. 시대에 따라 요구되는 역량을 준비해야 한다는 말이다. '아차!' 하는 생각이 든다면 너무 늦다. 버스 떠난 뒤 손 흔드는 꼴이라고나 할까.

예를 하나 들겠다. 요즈음 남자들은 이발소 대신 미용실에서 머리를 다듬는 일이 더 많다. 왜 그럴까? 과거에는 몇 가지 안 되는 남자들만의 헤어스타일이 있었다. 숏커트나 이보다 좀 길어도 단정한 헤어스타일이 대부분이었다. 여성들의 헤어스타일과는 달리 표준화되어 있었다. 그런데 지금은 남자들도 스타일과 멋을 찾는다. 이처럼 요구가 다양해졌음에도 불구하고 이발소에서는 남성들의 변화 욕구를 충분히 고민하지 않았다. 지금도 이발소에서는 멋진 헤어스타일을 기대하기 힘들다. 당연히 헤어숍이 성황일 수밖에 없다. 여기서 또 중요한 한 가지가 있다. 이제는 '어느 헤어숍'을 가는가가 중요해졌다. 머리 만진 경험이 많은 40대 아줌마보다 센스 있는 30대 젊은 헤어디자이너가 일하는 숍을 찾는다. 아무리 많은 경험을 갖고 있다 해도 요즘 유행하는 스타일에 무디어 있거나 만들어낼 수 없다면 사람들이 외면하게 마련이다. 그렇다. 아무리 경험 많은 전문가라 할지라도 지금 사람들이 원하는 욕구를 맞춰줄 수 없다면 도태되어 밀려날 수밖에 없다. 시대가 요구하는 역량을 갖추지 못한다면 고객들이 외면하는 건 당연지사다.

• 오기발동 모드 •

과거의 성공 역량을 버려라. 그리고 미래의 성공 역량을 준비하라. 한마디로 비기가 필요하다는 소리다.

장대높이뛰기에서 선수가 넘을 수 있는 높이는 30~40미터의 도움닫기 거리를 얼마나 많은 힘을 비축하고 빠른 속도로 주파하느냐에 따라 결정된다고 한다. 우리가 새로운 역량을 갖춘다는 것은 도움닫기 거리 안에서 준비하는 것과 비슷하다. 새로운 변화에 자신이 어떻게 대응해야 하는지를 알고, 늘 자신이 가진 능력과 역할을 점검하면서 개발해야 한다. 중요한 변화일수록 준비하는 데 많은 시간이 든다. 앞으로 당신에게 들이닥칠 변화를 읽어내고 그 변화에 당신이 대응할 준비를 하라. 무엇을 준비해야 할지 정하라. 운전을 잘하는 사람은 앞에 있는 차만 보지 않고 전방 서너 대의 차까지 보며 속도를 조정한다. 그러나 초보운전자는 앞차의 뒤꽁무니만 따라다닐 뿐이다. 좀더 시야를 멀리 보고 자신에게 진정 무엇이 필요한지 고민해 보자.

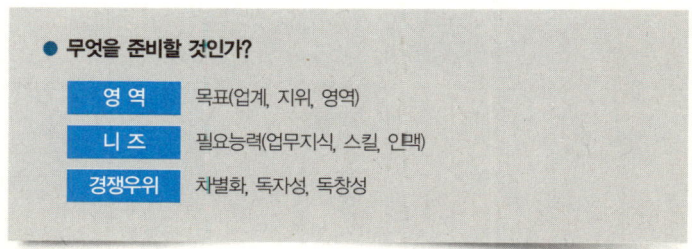

내 안에 숨어 있는 '보물'을 찾아라

Five 02 Energy

신은 우리가 보물을 찾기 위해 노력만 한다면
누구나 보물을 발견할 수 있도록 우리들 삶 곳곳에,
인생 여정 곳곳에 보물을 숨겨두었다.
누구나 자신만의 특별한 능력, 즉 보물을 갖고 있다는 얘기다.

말썽장이 아들은 늘 사고를 쳤다. 부자 아버지는 아들을 세상 풍파에 내놓았다. 그러나 마음이 여린 아버지는 아들의 가방 속에 작지만 값비싼 보물을 몇 개 넣어주었다. 세상 밖으로 나간 아들은 나름대로 고군분투했으나 그동안 온실 속 화초로 자라왔기 때문에 그것조차 쉽지는 않았다. 몇 년이 지나자 아들은 집으로 돌아와 아버지에게 그동안의 고마움을 표현했다. 그리고 자신에게 얼마의 돈만 있었다면 더 귀한 경험을 했을 거라고 털어놓았다. 아버지는 놀라면서 "무슨 말이냐. 난 이미 너에게 나의 재산을 뚝 떼어 챙겨주었건만… 네가 가져간 가방을 유심히 살펴보았느냐? 그 속에 넣어둔 값비싼 보물을 여태 보지 못한 건 아니냐?"라고 물었다. 아버지의 말을 들은 아들은 깜짝 놀랐다. 그리고 주섬주섬 그동안 자신이 가지고 다닌 가방을 뒤지기 시작했다. 그런데 놀랍게도 가방 안 깊숙한 곳에서 아버지가 넣어준 작은 구슬들이 빛을 내며 숨겨져 있는 것이 아닌가!

우리는 자신에게 감추어진 보물을 찾지 못하고 살아가는 경우가 많다. 보물은 우리가 쉽게 찾지 못하는 곳에 꼭꼭 숨어 있을 수도 있다. 그러나 우리가 조금만 주의를 기울이면 찾을 수 있다. 그럼에도 불구하고 대부분의 사람들은 그런 보물이 있을 리 없다고 생각하고서는 쉽게 포기한다. 아무리 하찮은 것이라고 나름대로 쓰임새가 있게 마련이다. 하물며 만물의 영장인 사람이 아무런 재주 없이 쓰임새 없이 태어나지는 않았을 것이다. 신神은 우리가 보물을 찾기 위해 노력만 한다면 누구나 보물을 발견할 수 있도록 우리들 삶 곳곳에, 인생 여정 곳곳에 보물을 숨겨두었다. 누구나 자신만의 특별한 능력, 즉 보물을 갖고 있다는 얘기다. 현재 하고 있는 일에 만족하지 못한다면, 적성에 맞지 않는 일 때문에 스트레스를 받고 있다면, 일을 하기는 해도 늘 다른 관심거리에 마음이 쏠려 있다면, 스스로 점검해 볼 필요가 있다. 과연 지금 하는 일이 나만의 보물이 맞는지 아닌

• 오기발동 모드 •

지 말이다. 만약 아니라고 생각된다면 빨리 생각을 바꾸고 행동을 바꾸어야 한다. 더 늦기 전에 말이다.

보물은 아무것도 하지 않은 채 가만히 앉아서 머리만 사용한다고 발견할 수 있는 게 아니다. 무엇인가를 시도하고 행동하면서 만들어갈 때 발견할 수 있다. 그리고 힘겹게 보물을 발견했다면 자신만의 비기로 승화시켜야 한다. 아래 제시하는 표는 일명 '능력 프로필'이다. 당신도 모르는 당신의 보물을 찾도록 하는 데 도움이 된다. 어떤 분야에 강점이 있고 단점이 있는지 스스로 적어봄으로써 그동안 잊고 지내던 스스로의 역량을 점검하는 것이다.

● 능력 프로필

구분	장점(+)	단점(-)
전문지식		
업무스킬		
실무경험		
인맥		
어학		
교섭력		
영업력		
리더십		
정신력		
체력		

도광양회韜光養晦라는 말이 있다. 이는 중국의 대외정책으로도 유명하다. 중국이 1980년대 개혁개방 시작부터 지켜온 원칙이다. 도韜는 감춘다는 뜻, 도광韜光은 빛을 감춘다는 의미, 양회養晦는 어둠 속에서 실력을 기른다는 말이다. 즉 '빛을 숨기고 어둠 속에서 실력을 길러라, 내실을 채우고 실력을 쌓으라' 는 말이다. 얼마 전만 해도 군사력 말고는 그리 내세울 만한 것이 없던 중국이 세계 경제의 한 축으로 우뚝 설 수 있었던 것도 뼈를 깎는 몸부림과 행동이 있었기에 가능한 것이었다. 세계에서 미 달러를 가장 많이 보유한 중국을 이제 어느 누구도 무시할 수 없게 되었다. 중국 한족이 중원을 지배했던 시기는 다른 이민족이 중국을 차지하고 있던 시기보다 훨씬 짧다. 그러나 중국은 이민족이 자신의 땅을 지배했던 시기의 역사까지도 인정하며 자국화하는 여유와 넉넉함을 보여준다. 그들의 머릿속은 우리가 넘볼 수 없는 비기로 가득하다.

  몇 해 전, 중국에 정통한 어느 신문기자와 얘기 나눌 기회가 있었는데, 그는 미국이나 일본보다 중국을 경계해야 한다고 강조했다. 그의 말을 듣고 있자니 그들이 꼭꼭 숨기고서 드러내지 않는 비기를 두려워하는 것이었다. 개인이 아닌, 한 국가가 비기를 갖고 나라를 운영한다는 생각을 하니 왠지 무섭다는 느낌이 들기도 한다. 지금은 우리가 중국 사람들에게 발 마사지를

• 오기발동 모드 •

받고 있지만 앞으로는 우리가 그들에게 마사지를 해줘야 할 때가 올지도 모른다.

어느 휴일에는 몸이 영 퍽퍽하여 사우나에 갔다. 몸을 불린 후 관리사에게 때를 밀어달라고 요청했다. 그분은 관리사 경력만 10년 정도 된 베테랑이라고 자신을 소개했다. 지금은 척 보면 손님이 무엇을 하는 사람이진 대충 알아맞힐 수 있다고 하는데, 우선 때를 불린 상태를 보고 때가 많이 불려 있는 사람은 공무원이나 연구원들이 많다고 한다. 5~10분 정도 불린 채 오는 사람들은 거의 이런 부류라고 한다. 영업맨들은 몸을 불리지도 않은 채 와서 빨리 밀어달라고 재촉한다고 들려주었다. 내심 그럴 수도 있겠구나 생각하면서 때를 밀기 시작하는데 어쩐지 시원하다는 생각이 들지 않았다. 결국 나는 "저… 세게 좀 해주시지요?"라고 부탁했다. 그러나 관리사는 "세게 밀면 피부만 상해요. 결에 따라 밀면 세지 않아도 충분히 때가 나오지요"라고 말하면서 걱정 말고 푹 쉬라고 얘기했다. 그러면서 "요즘 때를 미는 분들이 손님 말대로 세게 해달라면 세게 해주고, 약하게 해달라면 약하게 해주는데 그건 잘못된 된 겁니다. 때를 미는 데에도 자신의 철학이 있어야 해요. 그리고 연구해야 하죠, 안 그러면 시간 때우기 밖에는 되지 않으니까요. 이것도 서비스업이니까 고객이 만족하는 수준까지 올려야 하지 않겠어요?" 그분의 말을 들으면서 '남다른 사람이구나' 라는 생각이 들었다.

"피부도 건성, 중성, 지성인 사람으로 나뉘죠. 그래서 때를 밀 때도 사람에 따라 달리 해야 됩니다. 중성 피부를 가진 분들은 문제가 없는데, 지성인 분들은 비누로 한번 닦아준 후 밀면 쉽죠. 건성 피부인 분들은 자주 물을 뿌려서 피부의 습도를 올려줘야 하고요" 그렇게 그는 때를 밀어주는 동안 참 많은 얘기를 해주었다. 그리고 때 미는 일이 끝나자 나를 일으켜주면서 아래 내려올 때 잠시 멈추라고 하더니 내 발에 물을 뿌려주었다. 비누칠을 해서 혹시라도 미끄러져 손님이 다칠 수 있음에 대한 배려였다. 마무리 샤워를 하면서 '이런 분이 바로 진정한 프로이고 전문가로구나' 하는 생각이 절로 들었다. 자신의 일을 시간 날 때마다 연구하고 손님이 만족할 수 있는 수준의 서비스까지 제공하는 그의 모습은 지금까지 봐온 여타 관리사와는 달리 보였다. 그런 마인드가 그분의 보물이라는 생각이 든다. 아무리 불황이 찾아와도 그를 찾는 손님들의 발걸음이 끊이지 않을 것이다.

세상이 아무리 어렵고 불황이 오더라도, 경쟁자가 무수히 출현해 경쟁구도가 치열해도 뛰어난 사람들은 별로 개의치 않는

• 오기발동 모드 •

다. 남다른 비기가 있기 때문이다. 신당동 떡볶이촌에 가보면 골목 양쪽으로 수많은 떡볶이 집들이 있다. 그런데 모든 집이 장사가 잘 되는 건 아니다. 언제나 사람 많은 집에 더 사람이 몰린다. 그건 다른 집과는 다른 특별한 맛을 내는 비기와 서비스가 있기 때문이다.

정말로 잘하는 일을 개발하라

Five 03 Energy

잘하는 일을 찾는다는 건 다른 말로 자신만의 색,
즉 컬러를 찾는 길과 같다. 당신이 가진 색깔은 무엇인가.
스스로 확인하고 찾아내야 한다.
당신을 당신답게 하는 당신다운 색 말이다!

들짐승과 날짐승의 차이는 날개다. 날짐승은 말 그대로 날개가 있어야 날 수 있다. 당신이 어느 날 문득 하늘을 날고 싶다면 날개가 있어야 가능하다. 날개가 아니라면 날개를 대용할 뭔가 있어야 하늘을 날 수 있다. 당신은 날개를 대용할 것으로 무엇을 가지고 있는가? 처음부터 발견하기 힘들다면 자신과 비슷한 사람을 찾아 모방학습부터 해보자. 그들을 유심히 관찰하고 따라하다 보면 그와 나와의 차이를 발견하게 될 것이다. 그런 차이를 발견하는 순간이 바로 당신만의 무엇을 개발하는 시발점이 된다. 자신이 잘하는 것을 찾는 것은 원하는 것을 아는 것만큼 어렵다. 말하는 돼지 〈베이브〉라는 영화로 유명해진 동화작가 딕 킹 스미스는 군인, 농부, 외판원, 신발공장 연구원, 선생님 등 다양한 직업을 거쳐 나이 56세에 이르러서야 비로소 자신의 이름으로 된 동화책을 출간할 수 있었다. 책을 출간하면서 그는 '마침내 내가 가장 잘하는 일을 찾아냈다'라고 감격했다. 시간이 많이 걸리고 시행착오가 많았더라도 끈질기게 자신을 다그쳐가며 잘하는 것을 찾다 보면 결국 찾게 마련이다. 자신이 잘하는 일을 찾아내는 데 얼마나 오랜 시간이 걸리는지 스미스를 통해 알 수 있다. 그럼에도 불구하고 우리는 내가 무엇을 잘하는지 빨리 알기 위해 조급증에 빠져 있다. 부모는 아이의 재능을 확인하기 위한 조급증에 걸려 있고, 어른들은 자신이 남들과 다른 무엇인가를 갖고 있는지 확인하고 싶어하는 조급증에 빠져 있다. 아무리 빨리 알고 싶다 해도 무엇인가를 얻거나 확인하기까지는 일정 시간이 필요하다. 기다리고 인내하고 준비하고 노력하는 시간이 투자되어야 알 수 있다는 말이다. 분명한 것은 당신이 어떤 재능을 갖고 있다는 점이다. 다만 시간이 얼마나 걸리는지의 문제일 뿐이다.

잘하는 일을 찾는다는 건 다른 말로 자신만의 색, 즉 컬러를 찾는 일과 같다. 색이 서로 다른 유명한 MC 두 사람을 비교해 보겠다. 주말 저녁 황금시간대면 어김없이 등장하는 두 스타가 있으니 바로 유재석과 강호동이다. 이들은 라이벌이라고 일컬어지는 우리나라 최고의 MC다. 그런데 강호동은 큰 몸짓과 소리를 가지고 남들이 꺼려하는 것을 먼저 보여주려고 한다. 그리고 매번 자신이 참여하는 프로그램의 콘셉트에 맞는 좋은 말을 구해와서는 오프닝을 장식한다. 매우 주도적이라고 볼 수 있다. 반면에 유재석은 다른 사람들과 어울리면서 자연스럽게 다른 사람들을 돋보이도록 하는 게 장점이다. 출연자들이 가진 재능을 발휘할 수 있도록 도와준다. 자신은 낮춰가면서 조화를 이뤄나간다. 그렇지만 그 둘은 서로의 장점을 벤치마킹하려 하지 않는다. 그들은 이미 자신만의 색깔을 만들어내었기에 느낌이 다르지만 저마다의 색 안에서 최고로 우뚝 섰다. 당신이 가진 색깔은 무엇인가. 스스로 확인하고 찾아내야 한다. 당신을 당신답게 하는 당신다운 것 말이다! 당신만의 색깔, 장점이 경쟁력이 될 수 있는 것이다.

당신이 가진 장점, 색깔, 잘하는 것을 발견하기 위한 두 가지 질문은 이렇다.

첫 번째, 내가 잘하는 것은 무엇인가?

게임, 토론, 기획, 문제해결, 정보수집, 자료정리, 문서작성, 새로운 아이디어 발굴, 프레젠테이션, 마케팅, 협상 등 내가 잘하는 건 무엇인가.

두 번째, 나는 언제 행복한가?

혼자 or 다수, 새로운 것 or 익숙한 것, 전체를 통합 or 세부적으로 분석, 논리적 or 직관적, 힘쓰기 or 생각하기, 빠른 것 or 느린 것 등 무엇이 나를 편하고 행복하게 만드는가.

잘하는 일을 찾았다면 다음 순서는 그 능력을 업그레이드하는 작업이다. 능력을 업그레이드하기 위한 두 가지 힘에 대하여 알아보도록 하자.

빌 게이츠가 엄청난 재산과 계속적인 성공을 이룰 수 있었던 이유는 자신의 능력을 업그레이드하기 위해 1년에 300권 정도의 책을 읽었기 때문이다. 제프리 이멜트 GE 회장도 매달 40편 이상의 논문과 저널을 읽는다고 한다. 오늘날에는 평생직장이라는 개념이 희미해졌다. 따라서 우리는 늘 자신의 능력을 업그레이드해야 한다. 그러기 위해서는 두 가지 힘을 적절하게 사용하라.

첫 번째, '두려움'으로 새롭게 행동하라.

이순신 장군의 연전연승 비결은 위기를 사전에 인식하고 대응

• 오기발동 모드 •

할 수 있는 준비를 했기 때문이다. 현재 수군의 능력으로는 적들을 이겨내기 어려웠기 때문에 수군의 화포 훈련을 강화하고, 치밀한 전략을 세우고, 거북선을 제조했다. 특히 거북선은 우리 수군의 장점인 화포를 적재하고 적의 공격 형태를 분석해 적군이 배위로 올라오지 못하도록 만든 가장 효과적인 우리 수군의 비기秘機였다. 그러나 거북선이라는 비기秘機만으로 매번 승리할 수 있었을까? 그렇지 않다. 거북선이 출전하지 않은 전투에서도 장군은 매번 승리를 했기 때문이다. 장군은 '싸움은 하지 않고 숨어서 뭔가를 하고 있다' 라는 말을 많이 들었고, 오해의 발단이 됐다. 사실 그동안 그는 자신의 비기를 닦고 있었다. 그 시간에 자신과 수군을 환골탈태하고, 조선 수군의 전략을 완전히 바꾸고 있었던 것이다. 반대로 임진왜란의 3대 영웅 중 1명인 원균은 마음에 두려움이 없었다. 어떤 전쟁에서도 패해 본 적이 없고, 저 정도는 한칼에 해치울 수 있다는 자만이 자기 변화를 늦추었다. 그래서 실제 능력이 뛰어난 장군이었음에도 불구하고 상대에 대한 파악이 제대로 되지 않은 상태에서 전쟁에 임했기 때문에 패전의 불명예를 얻었다.

헝가리 낙농업자의 아들로 태어나 어린 시절부터 따돌림을 받고 제2차 세계대전 때는 도망의 연속이었으나 1956년 오스트리아를 거쳐 미국으로 탈출하면서 뉴욕에서 무일푼이지만 제2의 인생을 살면서 세계 반도체 업계의 제왕이 된 인텔회장 앤디그로브는 '두려움이 창조력을 낳게 했고, 두려움은 불가능해 보이고 어렵고 힘든 일을 가능하게 만들어주었다' 고 털어놓았다. 그는 항상 위협받았기에 끝없이 생존의 돌파구를 찾아야만 했던 것이다.

두 번째, 위협적인 '경쟁자'를 만들어라.

경쟁과 생존의 시대를 대표하는 중국의 춘추전국 시대에서도 쟁쟁한 강국들을 물리치고 중국을 통일한 나라는 변방의 진秦나라였다. 진나라는 그 당시로서는 꽤 파격적인 열린 인사, 유연한 시스템, 그리고 무엇보다 상대적으로 세력이 열세해서 '망할 수 있다'는 위기의식을 가진 것이 오히려 강점으로 작용했다.

얼룩말들이 초원에서 뛰고 있다. 그 뒤에는 사자 한 마리가 먹잇감을 노리고 뒤따라오고 있다. 얼룩말이 살기 위해서는 자기보다 못 뛰는 녀석 한 마리면 충분하다. 맨 뒤에 처지거나 무리에서 이탈하지만 않으면 된다. 그런데 얼룩말은 언제부터 그

• 오기발동 모드 •

렇게 잘 뛰기 시작했을까? 얼룩말은 초식동물로 힘이 세지 못하다. 그런 얼룩말이 사자로부터 안전을 지키고 생존하기 위해서는 빠르게 달릴 수 있는 다리가 필요했다. 그리고 빠른 다리는 근력이 붙을 수밖에 없으며, 뒤쫓아오는 사자들에게는 위협적인 뒷발차기가 가능하다. 편한 상태에서는 새로운 것을 만들어낼 필요가 없다. 따뜻한 나라에 브자들이 많지 않은 이유는 도처에 먹을거리가 깔려 있었기 때문이다. 정글의 원주민들이 강한 이유는 그들을 위협하는 존재들이 도처에 숨어 있었기 때문이다. 스스로 강해지거나 대체할 수 있는 강한 무기를 만들지 않으면 생존에 위협을 받을 수 있다. 결국 강해질 수밖에 없는 것이다.

자신이 더 나아지고 싶다면 당신의 생존을 위협하는 경쟁자를 만들어라. 그가 당신을 자극하고 성장시키는 계기가 될 것이다.

따라올 수 없는 월등함을 갖춰라

Five 04 Energy

당신이 하는 일에 필요한 어떤 도구가 있다면 그 도구를 끊임없이 개발하고 업그레이드하는 것도 월등함을 갖추는 데 도움이 될 수 있다. 물질적인 도구가 비기(秘機)라면 정신적인 도구가 비기(秘氣)다.

　9세기 또는 10세기부터 만들어지기 시작한 고려청자는 발전을 거듭하여 11세기 말에 이르러 종류가 다양해지고 그릇의 모양이나 문양, 구워내는 수법 등에서도 고려만의 독특한 특징이 나타났다. 12세기에는 순청자가 발전하면서 상감이라는 새로운 기법이 등장했다. 그리고 12세기 후반 사회적·경제적 여건이 변함에 따라 청자에 대한 취향도 달라지면서 기형이 과장되거나 문양이 촘촘해지는 등의 변화가 있었다. 14세기부터는 생활용 자기의 수요가 많아짐에 따라 대량으로 생산된 분청사기가 청자를 대신하게 되었다. 잘 알다시

피 청자는 푸른색을 띤 자기다. 흙으로 만드는 그릇도 굽는 온도에 따라 달리 불린다. 1,000도 이상에서 구운 것은 도기pottery, 1,200도 이상에서 구운 건 석기stoneware, 1,300도 이상에서 구운 것이 자기porcelain다. 그러나 눈으로는 구별하기 어렵기 때문에 흔히 모두를 도자기라고 부른다. 청자는 아름다움뿐만 아니라 기술적으로 새로운 요소들을 많이 가지고 있다. 당시로서는 첨단 과학의 산물인 셈이다. 우선 유약을 사용한다. 청자의 유약에는 반짝이는 유리질의 성분이 포함되어 있는데, 청자의 가장 중요한 푸른색을 낸다. 사용하는 흙은 고온에서 견딜 수 있는 양질의 바탕흙이다. 그런 도자기를 만드는 바탕흙의 대표적인 것이 고령토다. 그리고 1,300도 환원염에서 구워야만 구워질 때 유약 속에 포함된 미량의 철분이 작용해서 푸른색을 얻을 수 있다. 따라서 1,300도에 달하는 높은 온도를 다룰 수 있는 기술도 익혀야 한다. 뿐만 아니라 그 온도의 불길을 환원염 상태로 유지해야 한다. 보통 산소가 충분히 공급되는 조건 속에서 타는 불꽃을 산화염, 산소가 충분히 공급되지 않는 조건 속에서 가마 안의 산소를 더 필요로 하는 불꽃을 환원염이라고 한다. 환원염 상태가 되면 바탕흙이나 유약 속에 있는 산소까지 빼앗아 타려고 한다. 이렇듯 청자는 유약, 흙, 온도 세 가지가 잘 어우러져 아무나 따라올 수 없는 월등한 우리의 보물이 되었

• 오기발동 모드 •

다. 다이아몬드가 빛나는 이유는 장인이 숙련된 손길로 끊임없이 다듬었기 때문이다. 아름다운 것에는 탁월한 기술과 엄청난 노력이 깃들여 있다. 당신은 그와 같은 노력에 의한 월등함을 갖추고 있는가? 아무도 넘볼 수 없는 월등함을 갖추고 있는가?

남보다 월등하다는 말은 결국 자신만의 브랜드를 갖춘다는 의미와 같다. 한마디로 차별화다. 사람들은 차별화된 브랜드에 관심을 보이고 열광한다. 일례로 수다맨으로 우리에게 익숙한 개그맨 강성범 씨는 가난한 어린 시절과 연극배우 시절, 그리고 긴 무명생활까지 겪었다고 한다. 실력이 뛰어났기 때문인지 운이 좋았던 것인지 수다맨이라는 캐릭터로 스타로 우뚝 섰다. 그가 가진 빠른 언어 구사력은 누구도 넘보기 어렵다. 일주일에 한 번 웃기기 위해 듣는 사람도 감당하기 힘든 분량의 대사를 외우고, 그 대사를 막힘없이 그토록 빨리 읊어댈 수 있는 사람은 그밖에 없을 것이다. 그는 또한 다른 것은 몰라도 지하철 노선만큼은 자신이 최고라고 자부한다. 또한 못생긴 이미지로 유명한 개그맨 중 정종철 씨가 있다. 그는 "장모님께서 내 얼굴로는 도저히 바람을 피울 수 없을 것이라며 안심하신다"라며 사람을 웃긴다. 정종철이라는 본명보다 '마빡이' '옥동자' 라는 캐릭터로 더욱 잘 알려져 있다. 그는 각종 기계와 음악소리를 실제처럼 낼 수 있는 특기를 가졌다. 그러나 한 가지만으로는 치열한 경쟁에서 살아남을 수 없다. 새로운 아이템을 개발해야 하기 때문이다. 그는 아직도 자신의 한계를 긋지 않고 또 다른 것을 만들어내고 있다.

남이 따라올 수 없는 비기를 갖추는 일에 게으르지 말아야 한다. 미래에 필요한 역량을 새 근육에 입력시키라는 말이다. 최경주 선수는 모래 위에서 치는 샌드가 비기다. 그가 타이거우즈보다 우위를 점하는 부분은 벙커샷이다. 최경주의 벙커샷 파 세이브율은 우즈보다 앞선다. 고향인 전남 완도 바닷가 모래사장에서 샌드웨지가 닳도록 연습한 결과가 최경주만의 명품 벙커샷을 만들었다. 남다른 노력으로 세계 정상급 골퍼가 된 최경주는 요즘도 하루에 8시간씩 훈련하며 새로운 샷을 익히고 있다고 한다. 그는 또 마흔 중반의 비제이 싱이 지금 전성기인 것을 생각하면 더 발전할 여지가 많다고 생각하면서 자신의 샷을 끊임없이 더 좋게 만들기 위해 집중, 또 집중한다. 간결하지만 파워풀한 스윙으로 바꾸기 위해서는 적어도 21일 정도 지나야 한다. 그래야 새로운 스윙이 근육에 입력된다는 것이다. 기존 근육을 사용하는 것도 중요하지만 새 근육에 자신의 새로운 비기를 덧입히는 것이다. 그런 그의 모습을 보면서 의미심장한 느낌을 받는다. 월등함을 강화하기 위한 끊임없는 노력, 새로운 비기를 갖추기 위한 도전정신, 그렇다면 당신은 어떤 근육에 새로운 비기를 입력하고 있는가?

동양인과 서양인의 신장 차이는 대게 다리길이다. 서양인이 동양인보다 4인치(약 10센티미터) 정도 더 길다. 서양인은 지면에서 장심까지 길이가 34인치, 동양인은 30인치라고 한다. 골프에서 사용하는 퍼터의 길이는 34인치가 대부분이다. 그 이유는 다리 길이에 퍼터를 맞추었기 때문이다. 이렇듯 동양인이 아닌 서양인에게 맞추어진 퍼터이기 때문에 동양인에게는 다소 길게 느껴진다. 대부분의 사람들이 퍼터를 짧게 잡고 치는 이유다. 그렇다면 퍼터를 4인치 줄여서 친다면 어떻게 될까? 일단 쳐본 사람들은 많이 편하다고 한다. 그리고 타수도 줄였다고 한다. 혹시 당신이 '보기 플레이어'라면 퍼터의 길이를 줄여 나만의 퍼터로 만들면 어떨까? 우리는 대부분의 문제를 인정하지만 문제 해결에 대해서는 새로운 방법을 찾는 것보다 기존의 방법을 수정해 나가는 것을 더 선호한다. 기존에 구입한 퍼터를 자신의 몸에 맞춰 연습하는 것이다. 도구는 도구일 뿐이다. 그럼에도 불구하고 잘 쳐야겠다는 목적은 뒤로한 채 도구에 몸을 맞추는 좁은 생각을 갖는다. 새로운 방법을 찾으면 문제가 쉽게 해결된다. 몸에 맞는 퍼터를 만드는 것이 더 현명하다는 얘기다.

● 월등함을 갖추기 위한 구체화 작업

강화 역량	강화 수준	기간	평가방법	멘토	자기보상

월등함이라는 당신만의 비기를 만드는 데 필요한 목록들을 적어보도록 하자. 위에 소개한 표의 빈 칸을 채워서 넣는 것이다. 즉 어떤 역량을 강화해야 하는지 나열하고 강화하고 싶은 수준과 기간, 그리고 어떻게 평가할지도 세세히 적는다. 누군가의 도움이 필요하다면 그 대상도 적는다. 마지막으로 일정의 성과를 거두었을 때 자기 자신에게 어떤 식으로 보상할지도 적어두면 좋다. 칭찬이 고래를 춤추게 한다는 말처럼 자신에 대한 보상도 잊지 말아야 한다. 지나친 과신이나 교만은 경계하는 것이 옳지만 칭찬이 박하면 쉽게 지칠 수 있다.

어떤 도구를 활용하는 것도 한 가지 방법이다. 지렛대를 통해 '반비례 법칙'을 발견한 아르키메데스는 히에론 왕 앞에서

'긴 지렛대와 지렛목만 있으면 지구도 움직여 보이겠다'라고 말했다. 도구를 활용한다면 우리가 가지고 있는 힘보다 몇 배의 힘을 발휘할 수 있다. 독일의 철학자 M. 셸러는 인간을 '호모 파베르Homo faber'라고 표현했다. 도구를 만들어 쓸 수 있는 사람이란 소리다. 인간이 역사와 문화를 만들어가면서 같이 발전한 것은 도구였다. 당신이 하는 일에 필요한 어떤 도구가 있다면 그 도구를 끊임없이 개발하고 업그레이드하는 것도 월등함을 갖추는 데 분명 도움이 될 수 있다. 물질적인 도구가 비기秘機라면 정신적인 도구가 비기秘氣가 될 것이다. 두 가지 모두 우리에게 중요하다. 어느 한 가지에만 치중한다면 효과가 덜 할 수 있으니 일정의 균형도 필요하다고 생각한다.

누구나 지금보다 더 나은 삶을 원한다. 어쩔 수 없는 인간의 욕심이다. 현재의 삶보다 더 나은 미래, 더 큰 희망, 나아가 명예와 부를 우리는 원한다. 그러나 생각만으로는 절대 이룰 수 없다. 자신이 원래는 모습을 구체화하고 생각과 행동을 업그레이드해야 한다. 당신만의 비기를 찾고, 또한 꾸준히 고민함으로써 목적을 이루어나가기 바란다.

쉬운 길에는 비기가 없다

Five
05
Energy

사람들은 쉬운 길과 어려운 길에 놓였을 때 쉬운 길을 선택하고 싶은 유혹에 빠진다. 그러나 쉬운 길만 다니게 된다면 어려운 길을 어떻게 가야 하는지, 어려운 일은 어떻게 해결해야 하는지 잊어버릴 수도 있다.

연어는 4년이라는 일생 동안 약 2만 킬로미터를 떠돌다가 자기가 난 곳으로 찾아와 알을 낳고 죽는다. 2만 킬로미터라면 강릉에서 태어난 연어가 알래스카 지역에서 살다가 다시 강릉으로 돌아오는 기나긴 여정이다. 그러나 모든 연어가 고향으로 오는 것은 아니다. 고향까지 찾아가 알 낳을 확률은 단 0.5%에 불과하다. 하지만 새로운 생명을 탄생시키기 위해 모든 연어는 목숨을 걸고 자신의 마지막 임무를 수행하는 여행에 나선다. 연어는 온갖 난관을 헤치고, 갈수록 거칠어지는 유속을 뚫고서는 물이 얕아 숨쉬기 힘든 구간을 넘어

마침내 자신이 태어난 곳에 이르러서는 알을 낳고 죽어간다. 연어는 바다에서 강으로 올라가는 순간부터 아무것도 먹지 않는다고 한다. 어떤 연어는 강에서부터 내륙으로 1,500킬로미터까지 올라간다고도 한다. 그렇게 오른 연어의 몸 상태는 이미 정상이 아니다. 지느러미는 다 헤져 있고, 성한 몸뚱이는 단 한 군데도 없다. 바다에서 은색이던 녀석들은 갈색이나, 붉은 색 심지어 하얀 속살을 드러내기도 한다.

어느 날 연어들이 모여 얘기를 하고 있었다. "이제 상류로 올라가야 하는데 거긴 높은 폭포가 있어서 큰일이야." 자리에 모인 연어들은 높은 폭포를 거슬러 올라가기 위해 힘을 비축하기 시작했다. 그런데 폭포 앞에 도착한 연어들은 그런 걱정이 쓸모없음을 알게 됐다. 연어가 폭포를 쉽게 오르도록 사람들이 수중 인공계단을 만들어놓았기 때문이다. 조금만 뛰어넘으면 쉽게 폭포를 오르도록 한 것이다. 연어들은 아무 생각 없이 그쪽으로 모이기 시작했다. 그때 한 연어가 "난 그쪽으로 오르지 않겠어"라고 선언했다. 다른 연어들은 의아했다. 쉽게 갈 수 있는 길을 왜 어렵게 가려고 하는지 이유를 몰랐기 때문이다. 연어는 다시 말했다. "지금 우리가 쉽게 저 계단을 이용해 상류로 올라간다면 앞으로 조금만 높은 폭포를 만나게 되면 폭포 오르기를 포기할지도 몰라. 그리고 시간이 흘러 우리 후손들이 폭포를 거슬러 올라갈 수 없을지도 모르지. 나는 약해지기 싫어. 후손이 나약해지는 모습도 바라지 않아." 얘기를 다 들은 연어들은 인공계단에서 다시 폭포 쪽으로 방향을 바꾸기 시작했다.

대부분의 사람들은 쉬운 길과 어려운 길에 놓였을 때 쉬운 길을 선택하고 싶은 유혹에 빠진다. 그러나 쉬운 길만 다니게 된다면 어려운 길을 어떻게 가야 하는지, 어려운 일은 어떻게 해결해야 하는지 잊어버릴 수도 있다. 반대로 어려운 길을 선택한다면 자신을 강하게 훈련시킬 수 있다. 어려움을 극복하기 위해 비기를 생각하게 되고 결국 방법을 찾아 습득하면서 그와 같은 어려움이 극복될 수 있다.

이제 어려움을 통해 기르는 네 가지 힘, 즉 4고苦를 통해 4력力을 키우는 것에 대해 생각해 보도록 하자. 직장에서는 업무를 통해 평가받는다. 업무를 잘하는 사람과 그렇지 못한 사람의 차이는 그 일을 얼마나 많이, 그리고 깊이 생각하는가에 따라 달라진다. 직장인으로서 생각하는 힘은 능력을 의미하기도 한다. 생각하는 힘, 사고의 힘을 키워야 좋은 평가를 받을 수 있다. 그렇다면 생각하는 힘, 사고능력을 키우려면 어떻게 해야 할까? 직장에서 필요한 사고능력은 어떤 것일까? 일을 성과 있게 만들기 위해서는 '통찰력, 분석력, 논리력, 창의력'이라는 네 가지 사고능력이 요구된다.

통찰력이란, 지엽적인 사고가 아니라 큰 시각으로 문제를 바라보는 것이다. 내가 하는 업무가 회사의 비전, 전략에 어떤 영향을 미치는지 알아야 올바른 방향으로 일을 해나갈 수 있다. 큰 그림을 그리지 못하는 사람은 작은 그림의 조각조차 완성할 수 없다.

분석력이란, 내가 하는 일을 세부적으로 나눌 수 있는 능력이다. 쪼개고 쪼개서 가장 작은 단위업무로 만들 수 있어야 한다. 단위업무를 만들어 체계화시키지 못하면 프로세스를 만들어나가기 힘들다.

논리력이란, 분해된 일에 대해 인과관계를 찾아 매끄럽게 연결하는 것이다. 각 단위업무와 문제요소를 객관적으로 판단하고 연관성을 찾아 조리 있게 설명하는 힘이다. 이를 통해 무엇이 중요한지 이해하고 우선순위를 결정할 수 있다.

창의력이란, 기존과 다른 아이디어를 통해 차별화를 만드는 작업이다. 전혀 다른 관점으로 문제를 해결하고 접근하는 능력이다.

• 오기발동 모드 •

위의 능력을 키우려면 사고四苦를 겪어야 한다. 즉 네 가지 고통을 수반해야 한다. 먼저 족고足苦다. 일단 다리가 힘들어야 한다. 책상 위에서 생각하지 마라. 현장에 나가 문제가 무엇인지 확인하고, 그들이 무엇을 요구하는지 파악하라. 그러기 위해서는 다리품을 팔아야 한다.

둘째는 심고心苦다. 많이 생각해야 한다는 말이다. 머리가 아프고 깨질 정도로 생각해야 한다. 성과가 난 일들은 담당자들의 마음고생으로 만들어진 결과다. 무슨 일을 해야 하는지? 어떻게 하면 더 나은 결과를 맺을 수 있는지? 누구와 함께 하면 되는지? 어떤 제약조건이 있는지? 등등 생각하고 또 생각해야 한다.

셋째는 수고手苦다. 생각한 것을 머리로만 정리하는 것이 아니라 손으로 정리해야 한다. 글을 쓰다 보면 추상적인 내용이 명확해지고, 내가 말하려는 요지가 뚜렷해진다. 길게 말할 것을 짧고 간단하게 표현할 수 있으려면 손으로 정리해야 가능하다. 요즘처럼 인터넷이 활성화된 시기에는 글쓰기 능력이 더욱 필요하다.

마지막으로 구고口苦다. 우리는 대화를 통해 많은 정보를 주고받는다. 직장 내에서 가장 좋은 커뮤니케이션은 문서보고가 아니라 구두보고다. 훨씬 경제적이고 효율적이기 때문이다. 내가 생각한 것을 남과 나누는 데 있어서 나의 생각을 표현하고 남의 생각을 듣고 정리하여 다시 알리는 능력이 매우 중요하다. 대화할 때는 내가 말하는 것을 제대로 전달하고, 상대를 설득시킬 수 있어야 한다. 표현하지 못하는 생각은 성과를 맺기 힘들다.

직장에서 뿐만 아니라 매사가 생각하고 사고하는 힘이 '업무의 질'을 향상시킨다. 사고의 힘을 키우기 위해서는 네 가지(다리, 손, 마음, 입)가 고통스러워야 한다. 네 가지 고통을 통해 네 가지 사고능력(통찰력, 분석력, 논리력, 창의력)을 키워보기 바란다.

단언하건대 쉽고 편한 길에는 비기가 없다. 힘들고 어려운 길 가운데 비기가 숨어 있는 것이다. 천부적인 재능을 가진 기타리스트 호세 펠라치아노 Jose Feliciano 는 선천성 맹인이다. 푸에르토리코에서 출생한 그는 11명의 형제와 함께 성장했는데, 형편이 어려워 정식으로 기타를 배울 기회가 없었다. 게다가 맹인이라는 장애까지 안고 있었다. 그러나 세 살부터 냄비 뚜껑을 두드리기 시작한 펠리치아노는 모든 인간이 신으로부터 일정한 과제를 부여받았다고 굳게 믿었다. 어떤 사람은 그림, 어떤 사람은 연설, 또 어떤 사람은 음악, 그리고 또 어떤 사람은 발명이라는 능력이 있다고 생각했다. 그는 자신에게 닥친 불우한 환경과 장애에도 굴하지 않고 자신의 길을 묵묵히 걸어나갔으며 열심히 노력했다. 그리고 마침내 세계적으로 유명한 음악가가 되었다. 만약 그에게 유복한 가정, 완전한 신체가 있었더라면 지금의 찬사를 받을 수 있었을까?

'백수에서 탈출하고 싶다.' '최고가 되고 싶다. 돈을 많이 벌고 싶다.' '인생을 멋지게 살고 싶다.' 이렇듯 지금보다 나아지고 싶은 욕구를 해결하기 위해서 당신은 지금 무엇을 하고 있는가? 당신이 무엇인가를 하고 있는 게 있다면, 그 방법을 계속 고수한다면 원하는 것을 얻을 수 있을까? 아니라면 지금 무엇을 수정하고 새롭게 해야 할까? 지금 참아야 할 것은 무엇인가? 혹시 우린 조금 노력하고 많은 것을 얻으려고 하지는 않은가? 작은 실력으로 커다란 기회를 선점하려는 어설픈 욕심을 갖고 있지는 않은가? 성공방정식은 충분한 인풋input이 있어야만 아웃풋output을 만들어낸다. 하지만 우리는 공짜 또는 할인가격으로 얻으려고 하지는 않았는지 생각해 봐야 한다. 멋지게 기타를 치거나 피아노를 연주하고 싶다면 시간과 노력, 학습과 훈련이 동반되어야 한다. 제대로 지불하지도 않고 원하는 수준만 높이려 하지 말자. 뭔가를 만들어내기 어렵고 차별화하기 어려우니까 슬쩍 꼬리를 내리는 건 아닌지 뒤돌아보자. 지금 힘든 이유는 좀더 날 선 비기를 만들기 위한 아픔일 수도 있는 것이다.

어렸을 때 즐겨 부르던 동요 가운데 '깊은 산속 옹달샘 누가 와서 먹나요?' 라는 노래가 있다. 이 동요는 결국 토끼가 와서 물 한 모금 먹고 돌아간다는 별 의미 없는 것으로 생각할 수도 있다. 그런데 만일 내가 옹달샘이라고 생각한다면 어떨까? 늘 새로운 물을 올리면서 누군가에게 인정받고 싶어하다가 어느 날 토끼가 오니 너무 반갑다. 그렇지만 토끼는 물만 한 모금 겨우 마시고 가버린다. 내가 옹달샘이라면 무지 화가 났을 것이다. 그리고 새로운 물을 올리는 노력을 포기했을 것이다. 그런데 시간이 지나자 전혀 엉뚱한 결과가 생겨났다. 물이 썩어가는 것이 아닌가. 새로운 물을 올리는 것은 남에게 인정받고 싶어서가 아니라 바로 나의 생존과도 연결되어 있는 문제다. 지금 힘들더라도 자꾸 새로운 물을 올리는 옹달샘처럼 나는 무엇을 개발하고 있는지 한번 고민해 보기 바란다.

• 오기발동 모드 •

4장
머릿속의 지혜를 짜내라, 슬기 智氣

"사람들은 누구나 자신이 최고라고 생각한다. 그래서 많은 사람들이 선배들의 지혜를 빌리지 않아 실패하고, 눈이 떠질 때까지 헤매곤 한다. 이 무슨 어리석은 짓인가?"
괴테

내 안의 문제를 지혜롭게 찾아라

Five 01 Energy

누구나 문제 때문에 골치가 아프다.
그러나 문제 자체에 대한 근본적 질문보다는 어떻게 문제를 해결해야
하는지에 급급한 나머지 다양한 처방전만 제시하고 있는 것은 아닐까?
먼저 문제를 제대로 이해해야 한다.

여러분도 잘 아는 고대 그리스의 우화작가寓話作家가 있다. 바로 '이솝'이다. 그는 우리 주변에서 쉽게 볼 수 있는 동물들의 행동이나 성격을 빗대어 일반인에게 적절한 도덕성을 설교했다. 이른바 처세훈處世訓으로서의 설화를 모은 것이 바로 〈이솝우화〉다. 누구나 읽어봤을 것으로 생각되는 이 안에는 각종 지혜와 슬기가 담겨 있다. 또한 유대인들이 〈모세 5경〉 다음으로 신봉하는 책이 있다. 바로 〈탈무드〉다. 이 책은 유대인의 정신적 지주 역할을 하는데, 율법과 전통적이 습관 등 사회율법의 모든 것을 해설한 법전이다. 유대의 율법학자들이 기록한 것이라고 알려져 있다. 우리가 지혜라는 단어를 생각할 때 문득 머릿속에 떠오르는 책이 있다면 〈이솝우화〉와 〈탈무드〉가 아닐까 싶다. 사람들은 누구나 지혜를 갖기 원한다. 남다른 생각, 좀더 효과적인 사고, 성공하는 데 꼭 필요한 아이디어를 함축한 단어가 지혜일 것이다. 사전적 의미를 찾아보면 이렇다.

> • 사물의 이치를 밝혀 시비를 가리고 사물을 정확하게 처리해 내는 재능 •
> • 지혜(智慧·知慧) 재능(才能), 꾀, 기지(奇智), 모략(謀略), 총명(聰明) •

'지혜'를 얻을 수 있는 기운이 곧 슬기다. 이런 기운은 당신이 가진 문제와 기회를 발견하도록 돕고, 다양성을 갖고 모든 것을 살펴 우선순위를 결정하는 데 필요하다. 슬기는 끊임없는 학습으로 자신을 계발할 때 비로소 얻을 수 있다. 무엇을 먼저 해야 할지 모르시는 사람, 문제와 기회를 제대로 발견하고 싶은 사람, 지혜롭기 원하는 사람, 남들과 다른 자신을 만들고 싶은 사람 등에게 유익하다. 혹시 당신은 지금까지 일해 온 당신의 방식에만 머물러 있다면, 한마디로 '고여 있는 물' 그 이상도 이하도 아니다. 무릇 물이란 흘러야 썩지 않는다. 고인 물은 머잖아 썩게 마련이다. 하나의 얘기를 소개한다.

• 오기발동 모드 •

어느 회사에 새로운 팀장이 왔다. 새로 부임한 팀장은 팀원들의 동기부여 차원에서 회식을 요청했다. 그날 저녁 팀원들은 기분 좋게 취했다. 이윽고 집으로 돌아갈 무렵이 되자, 팀장은 팀원들을 불러놓고 '내일부터 새롭게 열심히 일해 보자'라는 약속을 받아냈고 다같이 '파이팅'도 외쳤다. 이튿날 팀장은 8시부터 출근해서 팀원들을 기다렸지만 8시 40분이 되서야 팀원들의 얼굴이 하나 둘 보이기 시작했다. 팀장은 불쾌해하면서 9시 30분 팀 회의를 시작했다. 그리고 맨 처음 던진 말은 '어제 열심히 하자고 약속해 놓고 왜 이렇게 늦게들 출근하느냐'는 것이었다. 얘기를 듣던 팀원들은 난처한 표정을 짓더니, "팀장님, '열심히' 일하자는 얘기가 결국 아침 일찍부터 나와 저녁 늦게까지 일하자는 의미였습니까?"라고 물었다. 팀장이 '그렇다'고 말하자 팀원은 "우리는 그렇게 생각하지 않았습니다. 우리가 생각하는 '열심히'란 주어진 시간에 최선을 다하자는 의미로 받아 들였습니다"라는 게 아닌가.

여기서 팀장과 팀원은 '열심히'라는 의미를 서로 달리 생각하고 있다. 사실 팀원이 말한 '열심히'란 팀장의 생각과 달리 해석된다. 사람들이 일하는 모습을 세 가지(열심히, 제대로, 생산적)로 분류해 보겠다. 우선 '주어진 일을 열심히 한다. 그래야 성공한다'는 것은 과거의 패러다임이다. '새마을 운동' 당시에나 맞는 말이다. '열심히 한다'고 성공한다면 지금 학생들은 열심히 공부만 하면 전부 대학에 갈 수 있어야 한다. 그렇지만 꼭 그런 결과가 나오는 것은 아니다. 피땀 흘려 열심히 일한 사람 중에도 실패하는 사람이 있는 것과 마찬가지다. 그래서 '열심히'의 패러다임에서 한 단계 업그레이드된 게 '제대로' 하는 것이다. '제대로 한다'는 것은 뭘까? 일도 제대로 해야 원하는 성과를 얻을 수 있고, 공부도 제대로 해야 성적이 올라간다. 임시방편적인 것이 아니고 순간을 모면하려고 꾀를 쓰는 것이 아닌, 정석대로 일처리를 하고 공부하는 것을 말한다. 그런데 지금은 '제대로'의 패러다임을 넘어가야 한다. 바로 '생산적'이다. '생산적으로 한다'는 것은 일의 결과를 미리 예측하고 더 나은 결과를 위해서 현재 하고 있는 일을 다시 점검한다는 뜻까지 포함한다. 일을 올바르게 그리고 제대로 한다는 것은 '관리' 차원에서도 매우 중요한 일이다. 직장생활을 하다 보면 늘 듣는 말 중 하나가 '기존 방법이 아닌 새로운 방법으로 일 좀 해봐'라는 소리다. 즉 제대로 하는 것도 좋지만 새로운 발상을 요구한다. 바로 지혜가 필요한 시점이라고 볼 수 있다. 학교에서 생활할 때까지는 '열심히→제대로'의 패러다임이 적용된다. 굳이 새롭

• 오기발동 모드 •

게 하지 않아도 된다. 하지만 사회생활은 그렇지 않다. 제대로 한다고 해도 지금과 다르지 않은 승장 없는 곡선을 그리고 만다. 이때부터 '생산적'이라는 말이 필요하다. 적당히 여유를 부리는 것 같지만 성공하는 사람, 똑 같은 여건 아래 적당히 하는 것 같은데, 보다 나은 결과를 맺는 사람들이 있다. '생산적으로 일하는 사람'들은 남들과는 '뭔가 다른 생각을 하고, 발상하고, 실천하는 사람'들이다. 이들에게는 더 많은 성공의 기회가 주어지고, 직장 내에서도 승진 기회가 더 많이 부여된다.

'생산적'인 사람은 곧 '창의적'인 사람이다. 창의적인 사람은 고정관념에서 벗어나 융통성과 스용성을 갖춘 사람이다. 기존의 관점에서 벗어나 새로운 관점으로 세상을 보고 일하는 방법을 다르게 생각하는 사람이다. 당신은 어떤 고정관념을 갖고 생활하고 있는가. 혹 그런 고정관념이 당신의 성장을 가로막고 있는 건 아닌가? 스스로 한번 고민해 볼 문제다.

문제를 제대로 발견하는 것도 지혜다. 직장과 사회 등 우리의 삶에는 수많은 문제가 있다. 누구나 문제에 당면한 삶을 산다. 입시, 취직, 연애, 결혼, 주택구입 등 일상에 대한 문제들이 있으며, 조직의 경영목표와 전략을 달성해야 하는 방법 등 수많은 문제들 때문에 누구나 골치가 아프다. 그러나 문제 자체에 대한 근본적 질문보다는 어떻게 문제를 해결해야 하는지에 급급한 나머지 다양한 처방전만 제시하고 있는 것은 아닐까? 먼저 문제를 제대로 이해해야 한다. 문제를 제대로 바라보기 위해서는 '문제를 제대로 정의내리고, 진술' 할 수 있어야 한다.

문제란, '바람직한 모습'과 '현상' 사이의 갭^{Gap}이다. 그런데 반드시 두 가지가 정의돼야 문제라고 설명이 가능하다. 첫째, 바람직한 모습(목표)이다. 이 말은 '당신의 현재 문제는 무엇인가?'를 알기 위해서 당신이 하는 일의 목표와 삶의 목표를 정확하게 알고 있어야 한다는 말이다. 그리고 목표는 반드시 수치를 포함해 정의내릴 수 있어야 한다. 목표는 정성적인 서술이 아니라 정량적으로 서술해야 하며, 정확하고 구체적이어야 한다. '건강을 위해 운동하자' 라는 목표가 아니라, 건강한 몸에 대한 정의가 먼저 내려져 있어야 한다. 175센티미터 키에 알맞은 몸무게 65킬로그램, 그리고 복부에 '식스팩'이 선명하게 나타나야 한다는 목표를 세워야 한다. 아름다운 사무실을 목표로 삼는 게 아니라 아름다운 사무실이라는 정의를 통해 설명해야 한다. 문서와 각종 비품들이 일하기 쉬운 곳에 비치되어 있고, 각 책상 위에는 작은 화분을 놓고, 아울러 간단한 7종의 업무도구와 PC가 놓여 있는 사무실 말이다. 이렇게 명확한 목표와 바람직한 모습을 정의해 놓아야 어떻게 할 수 있을지 해결안을 모색하기가 쉽다.

둘째, 현상에 대한 정확한 분석이다. 지금 자신과 조직이 놓여 있는 상황이 어떤 모습인지 제대로 설명하지 못한다면 목표를 달성할 수 있는 방안이 나올 수 없다. 자신과 조직의 현 주소를 정확히 이해해야 한다. 우리 회사의 매출이 어느 정도인지를 알고 주요 상품이 어느 정도 팔리고 있는지, 주요 고객은 어떤 대상인지를 알아야 목표에 대한 '차이Gap'를 제대로 인식할 수 있으며 구체적인 해결책도 모색할 수 있다. 간혹 삶과 조직생활에서 문제를 전혀 느끼지 못하는 사람들이 있다. 문제를 직감적으로 발견하지 못하는 경우도 있긴 해도 현재 자신의 생활에 만족하고 있거나 또는 굳이 바람직한 목표에 대해 고민할 필요도, 생각해 볼 시간도 없는 경우다. 반면에 목표는 설정되었지만 자신의 현재 모습을 제대로 파악하지 못하고 분석이 부족하다면 문제가 있더라도 문제를 제대로 인식하기 어렵다. 이처럼 바람직한 모습(목표)이나 현상을 제대로 파악하지 못하는 경우는 문제의식을 갖기 어렵다. 지금보다 나아지는 삶을 원한다면, 문제를 제대로 인식하는 법부터 알아야 한다.

발견이 '기회'를 만든다

Five 02 Energy

'도그 이어'란 개가 사람보다 7배 빨리 나이를 먹는 것을 말하는데, 요즘 1년이 과거 7년과 맞먹을 정도로 빠르게 변하고 정보와 지식의 양도 늘고 있다. 정신을 바짝 차리지 않으면 과거의 정답만을 고수하는 우둔함을 겪게 된다.

'고객'에 대한 정의를 내려보자. 작게는 '내 업무 후 공정자'를 말하고, 크게는 '내 상품을 구매하고 사용하는 사람'을 고객이라고 한다. 그렇기 때문에 고객이 무엇을 필요로 하는지 모르는 상태에서 내가 만든 결과는 고객의 만족을 이끌어내기 어렵다. 따라서 고객이 원하는 가치가 무엇인지 알아내야 한다.

"당신의 고객은 무엇을 필요로 하고, 또 무엇을 원하는가?"

만약 당신이 고객에게 무엇인가를 팔려고 한다면 필요한 것을 찾아야 한다. 기회는 고객의 니즈 needs 와 원츠 wants 안에서 고객이 필요로 하는 핵심가치를 발견할 때 생긴다. 고객에게 제공되는 상품과 서비스는 고객이 구입하고자 하는 '가치'와 일치하는지 아닌지에 따라 만족 여부가 결정된다고 할 수 있다. 당신은 고객에게 '가치' 뿐 아니라 '부가가치'도 제공할 수 있어야 한다. 그렇게 해야 새로운 기회를 만들어낼 수 있다.

일본의 MK택시를 타면 "어느 길로 갈까요?"라는 말을 먼저 들을 수 있다. 기사가 아는 길로 가는 게 아니라 고객이 늘 가던 길이 어딘지 묻는 것이다. 고객은 늘 자신이 가던 길로 가야 심리적 안정을 갖는다는 것을 알고 있기 때문이다 1995년 〈타임〉 선정 세계 최고의 서비스 기업으로 선정된 일본의 MK 택시는 Mind Kind의 약자로 친절한 택시를 강조한다(혹자는 창업자 유봉식 회장이 우리나라 사람이라 Made in Korea의 약자라 부르며 국가적 자랑으로 삼기도 한다). 매년 대졸자들이 취업하기 위해 200 : 1로 경쟁하는 기업이기도 한 MK 택시는 파일럿과 택시기사는 같은 수송을 담당하는데, 차이가 있다면 '친절'이라고 생각했다. 실제 기사 월급을 파일럿 연봉에 준하여 지급하는데, 고객이 무엇을 원하는지 알려고 노력하고 아는 만큼 고객을 위해 실천한 기업이기 때문에 가능했던 것이다.

• 오기발동 모드 •

'고객만족Customer satisfaction' 이라는 말은 1990년대 후반 항공사에서 실시한 서비스 교육이 일반기업에 전파되면서 우리에게 친숙해진 말이다. 고객 지향적 사고와 행동이 기업의 생산성과 매출에 지대한 영향을 미친다는 것을 알고 경영자들이 관심을 갖고 전직원들 마인드부터 행동까지 훈련을 시켜가면서 투자했다.

독일 자동차 아우디AUDI의 기업경영 목표는 '인간에게 최상의 감각적인 만족을 제공하는 것'이다. 독일 뮌헨에서 북쪽으로 70킬로미터 떨어진 소도시 잉골슈타트 아우디 본사에는 특별 조직이 있다. 후각팀NOSE TEAM, 감촉팀HAPTIC TEAM, 소음팀NOISE TEAM 등이 활동 중이다. '후각팀'은 자동차 내부의 냄새를 일정하게 유지하는 일을 담당한다. 차 안에서 나는 불쾌한 냄새를 없애고, '아우디' 특유의 향기가 나도록 관리한다. 차량 내부에 들어가는 500개 부품의 냄새를 과학적으로 분석하여 인간이 혐오하는 냄새를 뿜어내는 부품은 아예 납품을 받지 않는다. 그래서 온종일 부품의 냄새를 맡고 냄새의 원인을 분석하며 없애는 방법을 연구한다. 직원들은 냄새를 정확히 맡기 위해 향수는 물론 로션도 바르지 않는다고 한다. '감촉팀'은 승객이 버튼이나 핸들, 변속기어를 만졌을 때 느끼는 감촉을 분석하는 조직이다. 고객들은 버튼을 누를 때 순간적으로 제대로 기능이 작동하는지 확인하고 싶어한다. 가령 버튼을 눌러 램프에 불이 들어온다든지 아니면 '딸깍' 하고 소리가 나야만 운전자가 비로소 안심하는 것이다. 감촉팀은 이런 심리적 효과를 극대화할 수 있는 기법과 서비스를 연구한다. 아우디에서는 승객이 차량 내부에 장착된 플라스틱이나 가죽 시트를 만져보고 '촉촉한' 질감質感이나 '고급스런' 느낌을 갖지 못하면 그 차는 실패작이라고 지적한다. 소음팀의 역할도 막중하다. 소음이 전혀 없는 차를 만들기보다, 가속 페달을 밟을 때 나오는 적절한 엔진음이 운전자를 살짝 흥분시킬 수 있는 그런 차를 만들라고 한다. 그래서 소음팀은 조용하지만 엔진의 숨결이 느껴지도록 차량 소음을 통제하는 임무를 맡는다.

'맥脈'을 정확히 아는 일도 중요하다. 미래에 대한 우리의 감感은 생각보다 그다지 정확하지 않다. 대부분 우리는 앞으로 펼쳐질 일에 대해서 상당히 막연한 생각을 하고 있거나 많은 경우 근거 없이 낙관적인 성향을 갖기도 한다. 더구나 날로 복잡해지고 있는 변화의 크기와 속도는 미래에 대한 불확실성을 한층 높여가고 있다. '도그 이어Dog Year'란 개가 사람보다 7배 빨리 나

• 오기발동 모드 •

이를 먹는 것을 말하는데, 요즘 1년이 과거 7년과 맞먹을 정도로 빠르게 변하고 정보와 지식의 양도 늘고 있다. 정신을 바짝 차리지 않으면 과거의 정답만을 고수하는 우둔함을 겪게 된다.

닌텐도는 2004년까지 콘솔 게임기 경쟁에서 소니와 MS의 사이에 끼어 고전을 면치 못하고 있었다. 닌텐도의 게임은 소니나 MS의 게임들에 비해 기술적으로 부족하다는 평가를 받았기 때문이다. 하지만 2004년 말 출시된 '닌텐도 DS'와 2006년 출시된 '닌텐도 Wii'는 쓰러져가는 닌텐도를 되살렸다. 닌텐도가 소니나 MS보다 더욱 발전된 게임을 내놓았기 때문은 아니다. 닌텐도는 오히려 화려하지 않은 게임으로 승부를 걸었다. 대신 게임을 하지 않는 대중을 고객으로 설정하고 남녀노소 누구나 즐길 수 있는 콘텐츠와 사용자 인터페이스 제공에 주력했다. 즉 간편한 사용법으로 게임에 익숙하지 못한 연령층에 어필했으며, 아기자기하고 귀여운 콘텐츠로 폭력성을 싫어하는 여성층의 관심을 얻어냈다. 거기다 교육용 타이틀을 출시하는 등 교육적인 면도 강조했다. 또한 닌텐도 Wii의 경우, 몸으로 하는 게임이기에 '게임은 가만히 앉아만 있게 되므로 건강에 나쁘다'라고 우려하는 부모의 마음도 안심시킬 수 있었다. 2007년 말까지 전세계에 2,000만 대가 판매되었다고 한다. 이런 성과는 게임에 익숙하지 않은 연령층과 게임의 부정적인 요소를 걱정하는 여성과 부모들이 무엇을 고민하고 바뀌어가는지 알아냈기에 거둘 수 있었던 성공이었다. 바로 맥을 제대로 짚은 것이다. 우린 늘 보던 것만 보고 산다.

지금 눈을 감고 당신 주변에 '흰색'으로 된 물건들을 찾아보자. 몇 개나 찾을 수 있었는가? 몇 %를 찾아냈는가? 당신은 아마도 많은 것들을 놓치고 사는 자신을 발견하게 될 것이다. 흰색으로 된 물건은 의외로 많은데도 불구하고 그것을 머릿속에서 찾아내기가 의외로 어렵다. 이유는 우린 대부분 보는 것만 보고, 보고 싶은 것만 보는 경향이 있기 때문이다. 백화점에 가면 아이들은 장난감만 보고, 여자들은 옷과 핸드백과 액세서리, 남자들은 스포츠용품에 눈을 돌린다. 그리고 서로 얘기 해보면 전혀 다른 것을 보고 있었다는 것을 알게 된다. 자신이 볼 수 있는 것에서 벗어나 잠시 멈추고 주변을 다른 시각으로 보는 연습을 하자. 지금까지 못 봤던 것들을 새롭게 알게 될 것이다. 늘 보던 대로 보면 안 된다. 항상 가는 길이라도 어느 날 새롭게 보이는 게 있게 마련이다. 그리고 무엇보다 중요한 것은 꼭 봐야 하는 것을 놓치는 일이 없도록 해야 한다. 어떤 일을 하더라도 그 일의 맥을 찾아내야 한다는 얘기다. 또한 보고 확인한 것은 행동으로 옮겨야 한다. 그러나 탑다운 방식의 피라미드 구조는 변화를 알아차려도 그 속도를 따르기 어렵다. 복합성과 빠른 속도를 따라가려면 기존의 관료주의에서 벗어나야 한다. 그리고 더욱 효율적일 수 있도록 구성원들이 지혜롭게 판단할 수 있도록 믿어줘야 하며, 구성원들이 스스로 판단하고 행동하는 지혜로움을 갖춰야 한다. 혼자, 제대로, 빠르게 결정할 수 있는 조직 구조를 만들면 조직은 슬기를 되찾을 수 있다.

끝으로 선수先手를 놓치지 말아야 한다. 제대로 된 판단을 하고 결정을 내리기 위해서는 충분한 시간과 자료분석을 통해 최적안을 내려야 하는 것도 중요하다. 그러나 더 중요한 것은 상대와 기회에 대한 '선수先手'를 잡아내는 것이다. 바둑을 잘 두는 사람은 어느 쪽으로 진행하든 선수를 놓치지 않는다. 포석이 끝나고 본격적인 대국을 진행할 때 싸움바둑을 할지 집짓기 바둑을 해야 할지 결정해야 하는 것보다 더 중요한 것은 선수를 먼저 잡고 놓치지 않는 일이다.

다양하게 생각하라

Five 03 Energy

> 지금 당신이 차별화시킬 수 있는 것은 '창의적 아이디어의 실현'이다.
> '창의적 사고'란 기존의 사고를 뛰어 넘어 다른 사고를 하는 것이다.
> 창의적 사고가 부족한 사람은 한 가지만 알고 다른 것은 모른다.

예전에 어느 컨설팅사에서 같이 일했던 한 분은 자신의 분야에서 자신감과 우월감을 가지고 있어도 될 만큼 이론과 지식, 그리고 정보가 탁월했다. 무슨 일이든지 그들에게 물어보면 쉽게 답을 구할 수 있었다. 다만 그에게 부족한 것은 대안제시였다. 그가 가진 약점을 지식으로 안 되는 이유는 잘 찾아내는 데 반해 할 수 있는 방법, 해결안을 제시하는 일에는 취약했다.

"이건 어떻게 하지요?"라는 질문에 "이건 이것 때문에 안 되고, 저건 저것 때문에 안 된다"는 얘기가 전부였다. "그럼 어떻게 하지요?"라는 질문에는 "그럼 다시 생각해 봐야지요?"라는 대안 없는 메아리가 울려퍼지는 경우가 많았다. 결국 자신이 가진 깊고 풍부한 지식이 새로운 아이디어를 방해했던 것이다. 학력이 높은 것과 업무능력이 뛰어난 것은 별개의 문제일 수 있다. 물론 많이 아는 것이 도움이 될 수도 있지만 너무 많은 지식과 정보는 오히려 일처리에 경계를 두고 있기에 새로운 일을 시작하는 데에 장애가 되곤 한다. 정해진 룰과 원칙에 의해 일을 처리하는 것보다 지혜로움이 더 유익한 경우가 많다. 많은 회사들이 학력보다는 경력 중심의 채용을 실시하고 있다. 예전에는 학력과 일처리 능력을 동일시하는 경향이 많았지만 지금은 달리 생각하는 것 같다.

한 장님이 길거리 앉아 구걸을 하고 있었다. 앞에는 몇 푼의 돈이 넣어진 모자가 놓여 있었다. 그리고 그 옆에는 "저는 장님입니다. 제발 저를 도와주세요"라는 글귀가 있었다. 한 사람이 지나가다가 문득 그에게 다가가서는 '제가 도와드릴게요' 하더니 종이 위에다 다른 글을 써놓았다. 그리고 그 사람은 자신의 길을 지나갔다. 그런데 이상한 일이 벌어졌다. 그동안 자신이 번 돈보다 몇 배 더 많은 금액이 모인 것이 아닌가! 길거리에 어둠이 내리고 장님은 그 자리에서 일어났다. 그리고 길을 가는

• 오기발동 모드 •

사람들에게 자신 앞에 씌어진 글을 읽어 달라고 부탁했다.

그 종이 위에는 "오늘은 참 아름다운 날입니다. 그런데 전 볼 수가 없군요."

길거리에서 구걸하고 있는 사람은 변한 게 없다. 그리고 자신이 장님이란 사실을 알려준 것도 같다. 그런데 첫 번째 문장은 간단하게 자신의 처지를 말했고, 두 번째는 함께 나누고픈 아름다운 날에 자신도 동참하고 싶지만 앞이 보이지 않기에 안타까운 현실을 표현했다. 그런데 놀라운 결과가 나타난 것이다.

현재 당신이 생각하는 인생관, 사회관, 회사관을 바꿔보자. 그런 변화가 지금보다 더 나은 자신을 만들어낼 수도 있다. 변화하는 자신을 꿈꾼다면 자신의 '관觀'을 바꾸고 기존 사고방식을 버리는 것이다. 이것도 하나의 지혜라고 본다.

창의력과 통찰력 얘기도 해보겠다 세상에 나올 만한 것들은 다 나왔다. 그래서 지금 당신이 차별화시킬 수 있는 것은 '창의적 아이디어의 실현'이다. '창의적 사고'란 기존의 사고를 뛰어넘어 다른 사고를 하는 것이다. 물론 성과가 나야 한다. 창의적 사고가 부족한 사람은 한 가지만 알고 다른 것은 모른다. 그것만 생각하기에 다른 것을 못 본다. 더불어 다른 곳도 보지 못하기 때문에 더 많은 기회를 놓치게 마련이다. 창의적으로 생각하기 위한 가장 좋은 방법은 '폐기학습'이다. 내가 알고 있는 것을 버리고 비움으로 다른 것을 자동적으로 채우려는 뇌의 시스템을 따르는 것이다. 폐기학습과 함께 중요한 것은 '생각의 숙성'이다. 가장 좋은 생각을 만들기 위해서는 과제에 대해 고민하던 것을 일순간 의도적으로 중지시키는 것이다. 사실 중지시켰다고 하지만 우리 뇌는 그 과제에 대해 끊임없이 해결안을 모색한다. 그러다가 어느 일정 시점에 이르면 '아르키메데스'가 "유레카!!"라고 외쳤던 것처럼 일순간 해결안을 찾게 된다. 도움 될 만한 사례를 하나 살펴보자.

부산시 사하구에는 랜덤 자판기가 있다고 한다. 어떤 음료를 먹을지 고민하는 사람들이 많이 찾는다고 한다. 한마디로 선택의 고민을 덜어주는 자판기다. 이 자판기에는 일반 음료자판기와 달리 랜덤 버튼이 하나 더 달려 있다. 사람들이 그 버튼을 누르면 어떤 음료가 나올지 모른다. 대부분의 사람들은 기대하지 않은, 예측할 수 없는 일들을 기피한다. 그런데 의외로 많은 사람들이 랜덤 버튼을 선택한다. 고민하지 않고 아무것이나 선택하는, 즉 생각의 중지인 셈이다. 그렇잖아도 고민거리가 많은 요즈음 사람들의 심리를 적절히 꿰뚫어본 대박상품이 아닐까 싶다. 이 같은 창의력이 우리에게도 필요하다.

• 오기발동 모드 •

바야흐로 21세기는 무한경쟁의 시대다. 기업은 기업대로, 개인은 개인대로 이미 무한대의 경쟁을 벌이고 있다. 가히 적자생존의 시대라 말할 만한 수준이다. 이처럼 끝도 없이 벌어지는 초경쟁의 시대에 기업과 개인은 무엇으로 성공할 수 있을까? 여러 가지 답이 있겠지만 그 중 가장 유력한 것이 '통찰력 Insight'이다. '통찰'을 이해하기 위해서는 명확한 정의가 필요하다. 인류 역사상 가장 넓은 유럽을 지배한 나폴레옹의 참모이자 《전쟁기술 요약》의 저자 조미니는 통찰을 '한눈에 알아보는 기술'이라고 정의한 바 있다. 인터넷 백과사전인 위키피디아는 '감추어진 진실을 직관적으로 파악하는 일'이라고 적었다. 통찰력 컨설턴트인 리사 왓슨은 '표면 아래의 진실을 살펴보는 일'이라고 정의했다. 이들의 관점은 통찰이 과거에 없었던 새로운 것을 만들어내는 것이 아니라 이미 있는 것들을 다른 관점으로 살펴보고, 그 관계의 의미를 파악하고 발견하는 일이라는 것이다. 신촌 번화가에서 한참 들어간 뒷골목의 기찻길 옆에서 새로운 아이디어로 시작한 카페가 '민들레 영토'다. 시작은 33평방미터의 공간이었지만 지금은 330평방미터로 확장되었고, 서울과 지방을 비롯한 대학가에 여러 분점이 생겼으며, 2007년에는 중국에도 분점을 열었다. 형식은 카페였지만 커피값을 받는 것이 아니라 카페라는 공간의 입장료를 받는다. 일종의 '문화비'라는 입장료를 내면 그 안에서 커피도 마시고 간단한 스낵도 먹으며 책도 보고 공부도 할 수 있다. 새로운 형태의 카페 민들레영토는 학생들의 입소문을 통해 인기 있는 문화공간으로 자리를 잡았다. '만남 전문 공간'이라는 상품을 만들어 낸 '토즈'는 강남, 신촌 등에 자리한 모임 전문 공간이다. 이곳의 주요 서비스는 '스터디 공간' 제공이다. 요즘 대학생과 직장인들은 다양한 모임을 갖고 자체적인 학습, 세미나, 회의 등을 진행해야 한다. 그럼에도 불구하고 사람들은 마땅히 갈 곳이 없다. 3~4명이라면 카페에서 만날 수도 있겠지만 7~8명이 넘어가면 문제가 복잡해진다. 당연히 장소에 대한 수요가 발생할 수밖에 없다. 바로 이를 해소해 주는 공간이 토즈다. 토즈와 민들레 영토의 성공은 시대를 읽고, 고객이 무엇을 원하는지 이해하고, 부분이 아니라 전체적으로 바라본 '통찰'이 있었기에 가능했다.

'부분'을 보지 말고 '전체'를 보는 힘도 중요하다. 바둑을 두다 보면 급수와 단수에 따라 똑 같은 형세를 이해하고 운영하는 방법이 다르다. 단수가 높은 사람이 더 나은 결정을 하게 된다. 그들은 실리와 세력을 미리 결정하고, 포석과 행마를 통해 갈 길을 마련한다. 고단수를 갖고 있는 사람은 저단수를 갖고 있는 사람보다 더 많은 것을 볼 수 있다. 보는 수준이 다른 것이다. 높은 곳에서 보면 더 멀리 보인다. 더 멀리 보면 더 많은 것을 알 수 있다. 나는 의사결정에 있어서 과연 몇 단의 수준을 갖고 있는가? 높은 단수로 가기 위해 지금보다 더 많은 경험을 쌓고, 더 깊이 배우며, 높은 곳에서 바라볼 수 있도록 노력해야겠다.

현명한 사람은 모든 것을 자신의 내부에서 찾고, 어리석은 사람은 모든 것을 타인들 속에서 찾는다. 그렇기 때문에 당신은 많은 책을 읽고 강연회에 참석해야 한다. 책은 우리가 수년 동안 실패하고 경험해야 할 리스크를 피할 수 있는 방법에 대해 알려준다. 저자가 책 한 권을 만들기 위해서는 수많은 책을 읽고 정리해야 한다. 또한 강사가 강의하려면 수백 명을 만나 경험한 얘기를 들려준다. 이런 경험은 우리가 사는 삶 안에서 위험을 줄이고 기회를 더 가져다준다. 그리고 배우는 데에는 왕도가 없다. 자존심을 버려야 한다. 사슴은 녹용 때문에 죽고, 곰은 웅담 때문에 죽지만, 사람은 자존심 때문에 몰락하기 시작한다. 내가 남들보다 똑똑하기 때문에 남에게 더 이상 배울 수 없다고 생각하는 순간, 타인의 관점에서 세상을 볼 수 없는 당신은 성장을 멈추고 만다. 한 가지가 아니라 전반적인 관점을 갖춰야 한다.

장군은 영어로 제너럴이라고 부른다. 장군이 되면서 병과마

크를 뗀다. 어느 한 분야에 국한된 지식과 판단이 아닌 전반적으로 사고하고 평가하기 때문이다. 당신이 스페셜리스트로 성장하고 싶다면 제너럴리스트Generalist 로서의 관점과 경험을 갖춰야 한다. 과거에 한 분야에 국한된 시각으로 판단하고 행동하는 모습이라면 한계가 있다. 여러 관점에서 다른 지식과 경험을 통해 현재 하고 있는 일을 다른 각도로 볼 수 있어야 한다. 그래야만 아이디어와 방향을 제시하는 능력이 남다를 수 있다.

세상의 가치관이나 구조란 깨달은 10%의 사람에 의해 바뀐다고 한다. 대부분의 사람들이 깨달으려면 시간이 걸리겠지만 먼저 10%가 깨달으면 사회와 세계가 바뀐다는 얘기다. 일본의 무인도 고지마 섬에서 학자들은 일본의 천연기념물인 일본원숭이에게 고구마를 먹이로 주면서 그들을 길들였다. 그런데 처음에는 고구마의 흙을 털어서 먹던 원숭이들이 어느 날부터 강물에 씻어서 먹더니 점차 다른 원숭이에게 전파되기 시작했다. 그리고 그 섬의 원숭이들에게는 이렇게 먹는 방법이 보편화되기 시작했다. 그런데 놀라운 것은 이 같은 방법이 의사소통이 전혀 이뤄질 수 없는 바다 건너 지역의 원숭이들에게까지 퍼진다는 사실이다. 시간과 공간의 제약을 뛰어넘어 수평적으로 전파되는 현상을 '100마리째 원숭이 현상' 이라고 한다. 일부러 전하지 않았는데도 불구하고 어느 임계적을 지나면서 멀리 떨어진 곳까지 전파되고 확산되는 현상은 서로 교류가 없는 동,서양의 과거 고대유물이나 발명품들에서도 찾아볼 수 있다. 비슷한 물건들이 시대에 따라 비슷하게 발견되었기 때문이다. 누군가 처음 깨닫고 시도한 사람을 따라 똑같이 따라하다 보면 그 집단이 변하고, 집단의 변화는 다른 집단을 변화시킨다.

급할수록 돌아가고,
찰수록 비워라

Five
04
Energy

새롭고 신선한 아이디어를 만들기 위해서는
다양하고 많은 생각의 경험이 바탕이 될 수밖에 없다.
무엇보다 그렇게 많은 아이디어들을 자유롭게
연결할 수 있는 마음의 여유가 필요하다.

　　　　어떤 사람들은 성격이 급해서인지 다른 이유 때문인지는 모르겠지만 알약을 깨물어 먹기도 한다. 그런데 알약을 깨물어 먹는 것은 몸에 좋지 않다고 약사들이 얘기하는 것을 들었다. 알약이란 우리가 복용한 후 시간이 지남에 따라 정해진 곳에서 약효가 발휘될 수 있도록 코팅 처리되어 있는데, 이것을 깨물어 먹으면 약효가 처음에는 강하고 실제로 발휘되어야 하는 곳에서는 별로 약발이 먹히지 않는다. 가끔 우리는 성급하게 일을 처리 하다가 안 한 것보다 못한 결과를 얻곤 한다. 이것은 천천히 해야 할 일에도 불구하고 너무 성급하게 처리하려는 급한 성격에서 기인한 것은 아닌지 생각해 보자. 아무리 요즘이 스피드 시대라고 하더라도 어떤 일이든 빨리 해야 할 것과 천천히 해야 할 것이 있다. 무조건 빨리 한다고 해서 좋은 것은 아니다. 지구상에서 가장 빠른 동물은 순간 최고속도 320킬로미터를 자랑하는 매다. 매는 땅 위의 쥐, 다람쥐뿐만 아니라 공중을 날고 있는 새까지 순식간에 낚아챌 수 있다. 그런데 매는 직접 공격보다는 우회전략을 사용한다. 공격 대상을 찾으면 곧장 날아가는 게 아니라 우선 수직으로 급강하하는데, 이때 중력가속도를 운동에너지로 바꾼 후 지상에서 가깝게 수평 이동하면서 쏜살같이 날아간다. 이때 대상자는 그 속도에 벗어나지 못하고 낚아채인다. 이런 우회전략은 고양이에게서도 볼 수 있다. 노련한 고양이는 절대로 먹이거리에 덥석 덤벼들지 않는다. 먹이 대상이 사생결단으로 덤벼들면 오히려 상처를 입을 수 있기 때문이다. 그래서 고양이는 오히려 거리를 둔 채 위협 상황을 조성해 공포를 느끼게 한 후 제풀에 지치게 만든다. 우직지계愚直之計란 '눈앞에 보이는 길을 놔두고 돌아서 간다'라는 말이다. 돌아가는 게 멀게 느껴질 수 있지만 오히려 유리할 수 있음을 말한다. 우회하면 오히려 힘을 축적하고, 쉬운 길에서 나타나는 위험에서도 벗어날 수 있다.

경부고속도로 상행선 양재IC 지역에서 사고가 많이 난다고 알려져 있다. 나도 그 부근에서 6중 추돌사고를 낸 적이 있다. 왜 하필 그 지역에서 많은 사고가 일어날까? 그것은 속도에 대한 관성이 아닐까? 서울 톨게이트를 지나면서 도심으로 들어가기 전에 속도를 줄이고 조심해야 하는 구간이지만 여기서 운전자들은 어중간한 적응을 하게 된다. 다 도착했다는 안도감에 주의를 기울이지 않고, 속도의 관성으로 인해 고속도로 속도(평균 100킬로미터)에서 일반도로 속도(60~30킬로미터)로 빠르게 전환하지 못하는 것이다. 우리는 시작보다 마무리에서 신경을 덜 쓰거나 의식이 아닌 무의식의 관성대로 움직이는 경우가 많다. 마무리에 갈수록 정신을 차리고 의식적인 선택을 할 필요가 있다. 좀더 조심하고 세심하게 신경써야 한다는 소리다.

지혜를 기르는 또 하나의 방법은 계속 배움을 멈추지 않는 자세다. 스트레스가 생기는 한 가지 이유는 예측 가능성이 깨지거나 자기 조절력이 무너질 때다. 특히 나이가 들면서 자기 자신이 예측하지 못하는 일을 겪게 되면 더 불안해지고 답답해한다. 또한 사람들이 미래에 대한 예측과 그에 대한 판단을 내리기 어려운 것은 지식과 정보를 통해 판단해야 하는데, 이치를 따지고 판단을 내린다는 것 자체가 보통 지혜로는 어렵기 때문이다. 예측력을 강화하고 제대로 된 판단을 내리기 위해서 늘 배워야 한다.

'누구도 자신의 경험을 뛰어넘지 못한다'는 말이 있다. 즉 세상을 이해하는 정도는 내가 알고 있는 정도와 비례한다. 예전에 수학여행이라면 서울 학생들은 주로 경주에 가는 일이 많았다. 특히 사찰 지역을 돌면서 많은 얘기들을 듣게 된다. 그때 들은 얘기 가운데 사찰에서는 아침에 4개를 움직여서 생물체들을 깨운다고 한다. 가죽 있는 축생에 진리를 전한다는 법고, 물속의 중생을 제도한다는 목어, 하늘을 나는 새와 허공을 헤매는 영혼을 천도하는 쇠로 된 운판, 지옥의 중생까지 제도한다는 범종을 함께 일컬어 사물이라 한다. 그 말을 듣고 난 후 불교에서 사용하는 기본법구들을 이해할 수 있었다. 이해하고 나니 네 가지 기본 법구를 보는 인식이 달라졌음은 두말 할 나위도 없는 것이었다.

오랜만에 가족들과 외식을 하기로 했다. 어디로 갈 것인가? 질문을 하다 보면 늘 가던 곳 외에는 떠오르지 않는다. 늘 제한된 지식과 경험을 가지고 판단을 하기 때문이다. 가족여행을 가려고 해도 마찬가지다. 어디로 갈 것인가? 여행을 가려고 해도 내가 알고 있는 곳 외에는 선택하기가 쉽지 않다. 해외여행도 마찬가지다. 늘 얘기 듣던 곳 중 하나가 목적지로 결정될 가능

• 오기발동 모드 •

성이 크다. 내가 아는 한계에서 벗어난다는 게 무척이나 어렵기 때문이다. '제한적 합리성' 이론으로 노벨경제학상을 받은 허버트 사이먼은 인간을 정보보유량과 처리능력의 한계가 있는 존재로 파악했다. 자신의 지식으로 이해하거나 경험한 한계성을 가지고 판단한다는 의미다. 즉 제한적 합리성 이론은 '우리가 어떤 의사결정을 할 때는 자기가 갖고 있는 바운더리 내의 판단체계를 가지고 결정한다'는 의미다. 문제 해결을 위한 사람들의 의사결정 과정에서 가장 중요한 부분을 차지하는 것은 일반적으로 생각의 경험이다. 인간은 누구도 자신의 경험을 넘지 못한다. 그것은 태양 아래 새 것이 없는 것처럼 무에서 유가 태어나지 않는다는 것을 뜻한다. 머리가 좋고 새로운 아이디어가 많은 사람은 자기 생각의 경험을 효과적으로 잘 연결하는 사람이지, 전혀 없는 것을 요술처럼 만들어내는 사람이 아니다. 그런 사람은 없다. 새롭고 신선한 아이디어를 만들기 위해서는 다양하고 많은 생각의 경험이 바탕이 될 수밖에 없다. 무엇보다 그렇게 많은 아이디어들을 자유롭게 연결할 수 있는 마음의 여유가 필요하다. 효과적인 의사결정을 하기 위해서는 제한적 범위를 넓게 가져가는 것이 중요하다. 의사결정은 인지능력의 한계로 최선이라기보다는 최적의 의사결정에 머무를 수밖에 없다. 그러나 자신의 단편적인 경험에 전적으로 의지하는 것은 매우 위험하다. 물론, 사람은 경험에서 배워야 한다. 그러나 내가 보고 경험한 것이 일반적인 상황이 아니라, 매우 특별한 경우일 수도 있다는 생각을 가질 필요가 있다. 장님이 코끼리의 코를 만지고, 코끼리는 뱀처럼 길쭉한 동물이라는 결론을 내리는 성급한 오류를 범하지 말아야 한다. 또한 한 가지에만 너무 국한된 지식과 경험을 가지고 있다는 것은 새로운 것을 받아들이는 수용력이 떨어지고 조합력도 뒤진다는 것을 의미한다. 이런 점을 염두에 두기 바란다.

또한 만약 당신이 뭔가를 배우고 싶다면 꽉 채우지 말아야 한다. 이 말은 '배우기 위한 전제 조건은 먼저 자신의 수용성을 확보하는 것'이란 뜻이다. 내가 알고 있는 것과 접목시키고 정리하려 들기 전에 개연성을 갖고 받아들이고 수용하라. 시간이 지난 후 그 내용을 자신의 것과 정리해도 늦지 않다. 위대한 작곡가 모차르트는 자신을 찾아오는 사람들에게 늘 이런 질문을 던졌다.

"전에 음악을 배운 적이 있습니까?" 사람들이 배운 적 있다고 대답하면, "수업료를 갑절로 내셔야겠습니다" 하고 말했다. 그리고 전혀 음악을 배운 적 없다는 사람에게는, "그럼 좋습니다. 수업료를 반만 내십시오"라고 말했다. 이것은 너무나 부당한 처사였기 때문에 사람들은 어리둥절했다. 마침내 한 사람이 모차르트에게 따지듯 물었다. "음악을 전혀 모르는 사람이 오면 수업료를 반만 내라 말하고, 10년 동안 음악을 공부한 사람이 오면 수업료를 갑절로 내라고 하시는데, 도대체 무슨 까닭입니까?" 모차르트는 침착하게 대답했다. "거기에는 이유가 있습니다. 예전에 음악을 배운 사람들은 그들의 올바르지 않은 지식의 찌꺼기를 거두어내야 합니다. 이것은 매우 힘든 작업입니다. 그 사람이 가진 잘못된 것을 없애는 것이 새로운 것을 가르치기보다 훨씬 힘들기 때문입니다."

배움은 우리를 채워준다. 그런데 꽉 채우지는 마라. 수영장에 가서 수면이 내 키의 90%까지 차면, 즉 목을 조금 넘으면 위험해진다. 마찬가지로 배움도 70%만 채워라. 그 정도만 채우고 나머지는 비워두라. 지식이라는 놈이 너무 많이 들어오면 자신감을 넘어 우월감을 형성하고 자만에 빠지고 만다. 결국 스스로를 위험하게 만든다. 비우면 우린 더 채우려는 노력을 하게 될 것이다. 복잡하면 비워라. 비우고 나면 조금씩 차서 오히려 정리가 되고 새로운 무언가를 채우기 위해 노력하게 된다.

배움에 있어서 기억해야 할 것이 하나 더 있다. 바로 먼저 버릴 줄 알아야 한다는 점이다. 천둥번개가 치는 밤이면 잠을 못 이루기도 한다. 그러나 더욱 잠 못 이루는 때는 내일 중요한 일이 있을 경우다. 빨리 자야 하는데… 자야 하는데…라고 생각하지만 더욱 눈만 말똥말똥해진다. 오히려 잠이 드는 순간은 마음을 비울 때다. 이렇듯 모든 것들은 집착할수록 멀어지는 게 아닐까.

뭔가를 잘하려고 하면 오히려 적절한 긴장감 때문에 오버하는 일이 생긴다. 특히 골프라는 운동이 그렇다. 평상심을 유지하는 것이 중요하다. 약간의 긴장감은 몸을 이완시키는 데 도움이 되지만, 그것을 넘어가는 순간 오히려 스트레스를 받게 된다. 한 지인은 "골프는 잘 쳐야 한다고 생각하면 더 안 되는데, 그것은 프로나 아마추어나 마찬가지입니다. 꼭 우승하겠다거나 좋은 성적을 내야겠다거나, 중요한 라운드에서 뭔가 보여주겠다고 생각하면 이상하게 더욱 안 되는 게 골프죠. 모두 욕심 탓입니다. 욕심이 클수록 근육에 힘이 들어가게 마련이거든요"라고 말한다. 그러면서 잘 치고 싶은 사람에게 이런 조언을 해준다. "다 알고 있는 얘기지만 잘하고 싶은 라운드일수록 마음을 비우고 슬렁슬렁 치는 것이 낫습니다. 평소 스코어만 낸다는 자세로 임하는 것이 망가지지 않는 길입니다."

일을 그르치는 이유는 대부분 욕심 때문이다. 사슴도 자기

• 오기발동 모드 •

몸집에 맞지 않는 뿔을 지니면 울타리에 걸려 죽는다. 너무 많은 것을 한꺼번에 소유하겠다는 생각을 버려라. 서둘러서 얻을 수 있는 것은 아무것도 없다. 비어 있는 물동이에 많은 물을 담을 수 있는 법이다. 스스로 한계를 만들려고 하지 마라. 우리 선조가 만든 유산 중에는 잔이 가득차면 사라지는 '계영배戒盈盃'라는 술잔이 있다. 글자 그대로 '넘침을 경계하는 잔'이라는 뜻이며, 잔의 70% 이상 술을 채우면 모두 밑으로 흘러내리도록 고안된 잔이다. 조선 최고 거상이던 임상옥은 이 술잔을 옆에 두고 항상 욕심을 경계했다고 전해진다.

우리가 미래에 대해 알 수 있는 건 얼마 되지 않는다. 너무 알기 위해 머리 쓰지도 말고 스트레스 받지도 말자. 아무것도 모른다는 사실 하나만 인정하고 강박과 두려움에서 벗어나자. 그것은 당신이 알 수 있는 문제가 아니다. 누가 아는가의 문제가 아니다. 오직 모른다는 사실 하나만 확실히 알 수 있다. 그것을 인정하는 것만이 당신 스스로를 넘어설 수 있도록 만들어준다. 지금부터 스스로를 크게 비워라.

기본을 챙겨야 응용력이 생긴다

Five 05 Energy

딜레마의 어원을 살펴보면 De(Dual) + Lema(Choice)란 의미인데, 두 개 중에서 한 가지를 골라야만 하는 어려움을 말한다. 이때 현명한 선택을 하고 싶다면 실행하지 않을 경우 가장 큰 피해를 줄 것부터 선택하면 된다.

　

누군가 갑자기 성공했다고 말한다면 그 말을 믿을 사람 하나도 없다. 기쁨도 없이 성공했다고 말하거든 거짓말로 생각하면 옳다. 마술사들의 손에서 새가 날아오르지 못하는 것을 봤다. 새가 아무리 날개를 퍼득이며 날개짓을 해도 날지 못하는 것이었다. 왜 그럴까? 새가 날아오르기 위해서는 두발로 힘껏 땅을 찬 후 날개짓을 한다. 그런데 날아오르기 위해 두발로 마술사의 손을 치는 그 순간 마술사는 타이밍을 맞춰 손을 살짝 밑으로 내려버린다. 결국 새는 마술사의 탄탄한 손을 치고 오르려는 반작용 힘을 사용하지 못하게 되고 가만히 있을 수밖에 없는 것이다. 무슨 일이든 시작을 하는 데에는 '기반'이 있게 마련이다. 기반이 튼튼해야 그 위에 새로운 것을 쉽게 올릴 수 있다. 그 기반을 우리는 '기본'이라고도 말한다. 기본을 배우는 데 아무리 시간이 걸린다 하더라도 기본을 튼튼하게 쌓아놓은 사람은 뒷부분에 가서 어렵지 않게 응용된 내용을 학습하면서 새로운 방안을 제시할 수 있다.

'배움'에는 학學과 습習이 있다. 당신은 이 중에서 어떤 게 더 중요하다고 생각하는가? 모든 것은 때가 있다. 공부는 학생 때 해야 하고, 일은 젊을 때 도전하면서 배워야 한다. 제때 배우지學 못하면 나중에 후회만 남는다. 그리고 배울 때 제대로 배우지 않으면 익히는 데 많은 시간이 든다. 제대로 익히는 데에도 물론 시간이 필요한 법이다. 지금은 과거에 비해 배우기가 무척 쉬어졌다. 각종 매체와 학원이 배움을 쉽게 만들고 있기 때문이다. 반면에 익히는 시간이 매우 부족해진 것 같다. 아이들이 수많은 학원을 다니면서 배우고 있지만 성적이 잘 오르지 않는 이유는 배우는 시간에 비해 익힐 수 있는 습習의 시간이 부족하기 때문이다.

사실 모든 것들은 익혀야만 비로소 자신의 것으로 만들 수 있다. 공부한 것을 오래 기억하고 싶다면 정기적으로 복습해야 한다. 뇌의 측두엽에서 해마로 보내진 정보는 정보가 다시 입력

되느냐의 유무에 따라 장기 기억할지 임시 보존할지 결정된다. 처음 배운 날로부터 일주일 후에 복습하고, 그 2주 후에 두 번째 복습하며 다시 1개월 이내에 세 번째 복습하는 것이 가장 효율적인 학습이다. 초보운전자도 시내를 통과하고, 고속도로를 달려보는 식은땀 나는 경험을 거쳐야 비로소 운전에 눈을 뜨게 된다. 당신은 배움에 있어서 마치 스펀지처럼 쫙 빨아들이고, 필요할 때 쫘~ㄱ 내놓을 수 있어야 한다. 그리고 쫙 빼야 다시 새로운 것을 빨아들일 수 있다.

또한 '계획'은 목표를 현실화시키는 시뮬레이션이다. '모험이란 무모한 자들이 말하는 것이다. 그러나 계획하는 사람들에겐 꿈같은 여행이 될 것이다' 라는 말처럼 무모한 모험과 꿈같은 여행의 유무는 계획에 달려 있다.

무작정 산을 오르는 것도 묘미가 있겠지만, 위험을 부담하기보다는 위험을 분산하고 관리하는 게 현명하다. 그래서 험한 산악 코스나 높은 산에 오를수록 사전계획이 필요한 법이다. 그렇지만 우리는 바쁘다는 핑계로 계획도 세우지 않고 무조건 움직이고 난 다음에 후회하곤 한다. 하나의 예를 들어보자. 경기불황은 수입의 감소와 소비심리 위축을 가져온다. 그런데 꼭 써야 할 것을 쓰지 않아 큰 사고(?)를 만들어내는 경우도 있다. 병원가기를 미루다 오히려 병을 키우는 사람들이 대표적인 경우다. 성인이 되면 정기검진을 통해 신체적 위험을 확인하게 되는데, 이를 아낀다고 알뜰 살림을 하려다 시기를 놓치면 적은 병원비 아끼려다 수천만 원이 필요한 큰병이 나기도 한다. 아이들은 자라면서 '예방' 이라는 이름으로 주사바늘을 여러 번 꽂게 된다. 아프지도 않은데 굳이 예방주사를 맞는 이유는 혹시라도 나중에 걸릴 큰 병을 미리 예방하기 위함이다. 마찬가지로 우린 계획을 통해 시뮬레이션 해보고 앞으로 있을 위험을 예방할 수 있다. 당신의 하루 중 단 1%의 시간을 계획세우기에 할애하라. 그리하면 나머지 99%의 시간을 확실히 컨트롤할 수 있다. 시간을 컨트롤할 수 있다는 건 성공으로 가는 지름길이다.

어느 마을에 두 사람의 나무꾼이 살고 있었다. 한 사람은 무척 덩치도 크고 힘도 센 '강허둥' 이었고, 또 다른 이는 매우 평범한 '이평범'이라는 사람이었다. 그런데 하루가 저물 즈음 되면 힘이 센 강허둥보다는 이평범의 나뭇짐이 늘 많았다. '왜 그럴까?' 라는 생각에 두 명을 뒤따라가 보니 강허둥은 쉬지 않고 도끼로 나무를 잘라내고 있었던 반면, 이평범은 가끔 쉬면서 도끼날을 갈고 있었다. 가까이 가서 두 사람의 도끼날을 살펴보니 이

• 오기발동 모드 •

평범의 도끼날은 아주 날카로워서 몇 번 힘주지 않고서도 나무를 자를 수 있었지만, 강허둥의 도끼날은 이가 다 빠져 있어 아무리 세게 쳐도 나무가 쉽게 넘어가지 않았던 것이다. 그러면서 강허둥은 '지금드 나뭇짐이 적은데 어떻게 쉬면서 할 수 있냐'고 말하고 있었다. 어쩌면 우리는 강허둥처럼 일하고 있는지도 모르겠다. 계획할 시간이 없어서 청사진도 그리지 않은 채 무조건 건물을 만들고 있는 건축가는 아닌지 말이다. 잠시 짬을 내어 내가 해야 할 일을 계획해 보도록 하자. 이런 계획은 내가 앞으로 일어날 위험을 미리 준비하는 데 필요하다. 위험뿐만 아니라 기회를 놓치지 않기 위해서도 필요하다.

이제 슬기를 정리할 때다. "무엇이 중요한지 모르면 모든 것을 다 하려고 바쁠 수밖에 없다. 그렇지만 모든 것을 열심히 하는 사람은 한 가지만 잘 하는 사람을 이기지 못하는 법이다." 그래서 한 가지를 잘하는 사람은 여러 가지를 할 수 있는 사람보다 자신이 가장 필요한 것을 선택할 줄 아는 지혜로움을 갖춘 사람이라고 할 수 있다. 사람들은 종종 곤혹스러운 일에 부딪히면 딜레마에 빠졌다고 말하곤 한다. 그런데 딜레마의 어원을 살펴보면 De[Dual]+Lema[Choice]란 의미인데, 두 개 중에서 한 가지를 골라야만 하는 어려움을 말한다. 이때 현명한 선택을 하고 싶다면 실행하지 않을 경우 가장 큰 피해를 줄 것부터 선택하면 된다. 큰 피해를 끼치는 것을 먼저 한다면 후회하지 않을 것이다. 이렇게 여러 가지가 아니라 한 가지를 결정하고, 두 개 중 하나를 선택하는 것은 중요한 것이 무엇인지 안다는 뜻이며, 무엇이 중요한지 안다는 것은 우선순위를 결정할 수 있다는 의미다. 우선순위를 결정할 수 있다는 것은 그 순위에 따라 실행할 계획과 실천의 준비가 있음을 말한다.

재능은 꺾일 수 있고 열정도 식을 수 있다. 그러나 지혜로움은 꺾이고 식혀지면서 오히려 더욱 깊어진다. 많은 사람들이 지혜를 얻고자 많이 노력한다. 물론 중요하다. 그러나 많이 배웠다고 반드시 지혜로운 것은 아니다. 배운 것과 아는 것이 다르듯 아는 것과 지혜로운 것은 다른 문제다. 오히려 지혜로움은 앎을 실천하는 과정에서 더 많이 쌓인다. 따라서 우리는 주변의 변화를 빨리 알아차리고 생산적으로 일할 수 있도록 생각의 힘을 키워야 하는 게 옳다.

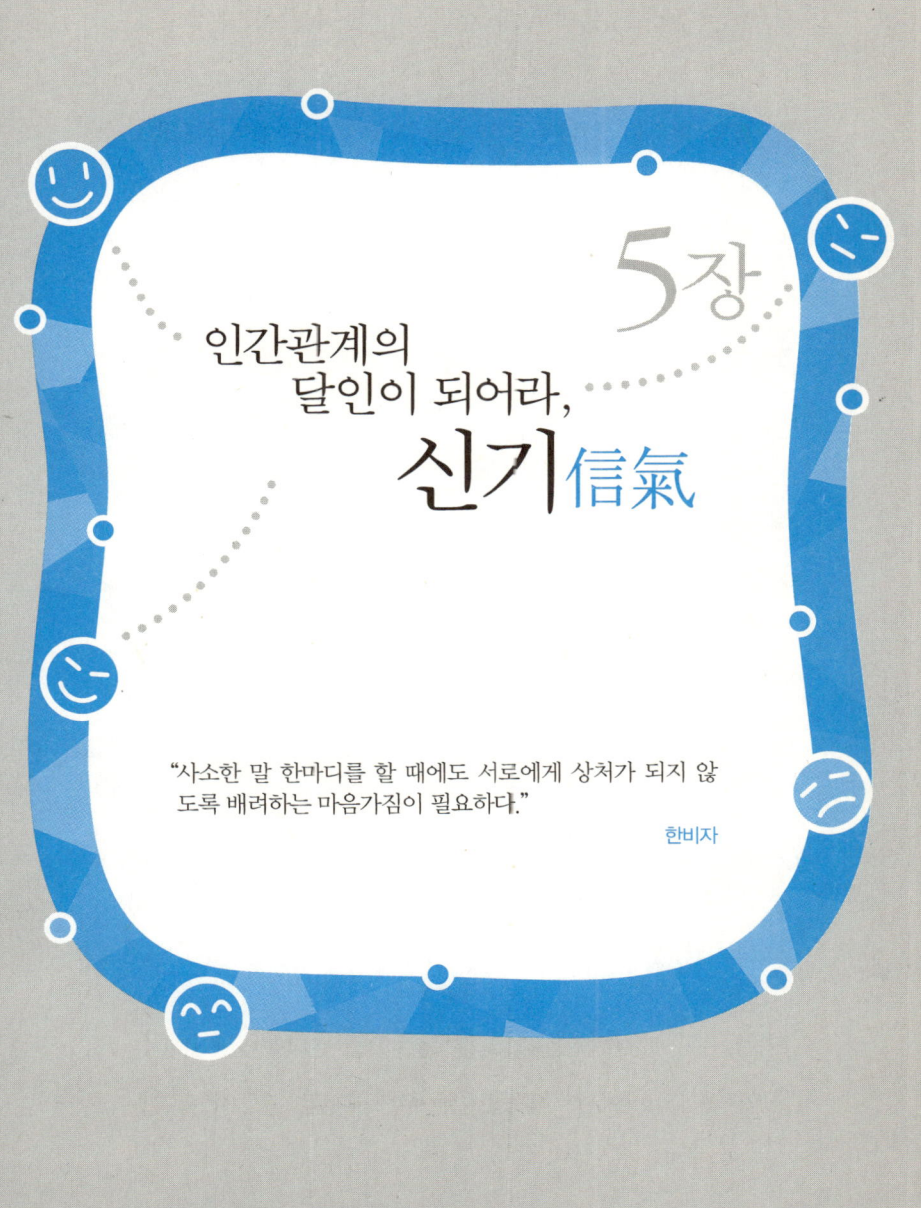

5장

인간관계의 달인이 되어라, 신기 信氣

"사소한 말 한마디를 할 때에도 서로에게 상처가 되지 않도록 배려하는 마음가짐이 필요하다."

한비자

조화의 힘 깨닫기

Five 01 Energy

> 주역의 기본은 음과 양의 조화에 있다.
> 남자가 있으면 여자가 있고, 하늘이 있으면 땅이 있다.
> 마찬가지로 자기가 있으면 타인이 있다.
> 자기와 타인의 조화가 이뤄져야 하지만
> 그렇게 사는 건 정말 어려운 일 중 하나다.

지금껏 네 가지 기운에 대해 얘기를 했다. 마지막으로 신기에 대해 한번 살펴보자. 말처럼 신기란 '믿는 기운'을 뜻한다. 타인과의 좋은 유대관계가 내용의 중심이다. 특히 이번 장은 다른 사람과 어울리는 게 어렵다고 생각되는 사람, 좋은 인간관계를 맺는 데 서툰 사람, 사람과 사람 간의 만남에서 중요한 것이 무엇인지 잘 모르는 사람, 성공에 대한 욕구가 강한 사람, 남에게 보여주는 행동에만 집착하는 사람, 마지막으로 '통通' 하는 관계를 원하는 사람들에게 도움이 될 것으로 생각한다. 신기는 다음과 같이 정리할 수 있다.

> • 남을 믿고 의지할 수 있는 관계형성 •
> • 상대에 대한 진실한 관심과 지속적인 유대관계 맺기 •

예전에 내가 모시던 선배 가운데 성격이 아주 까칠한 분이 계셨다. 그런 까칠함은 선배가 고속으로 승진하는 데 도움이 되었다. 일과 관련하여 아주 작은 부분도 쉽게 넘어가지 않고 꼼꼼하게 살펴보고 다시 점검했던 선배는 직장에서 일하는 것을 어떻게 해야 하는지 몸소 보여주었다. 하지만 그리도 열정적으로 일하던 선배가 병을 얻었다. 폐암1기라는 판정을 받은 것이다. 이후 선배는 병을 고치기 위해 많은 시간과 노력을 들였으며, 결국 좋은 결과를 얻게 되었다. 그런데 중요한 변화가 생겼다. 평소 그렇게도 꼼꼼했던 선배가 병을 완치하고 본업에 복귀하면서 일하는 방식에 변화가 생긴 것이었다. 다들 꼼꼼하던 선배의 일처리가 느슨해졌다고 느꼈다. 그러던 어느 날 나는 우연한 자리에서 새로운 사실을 하나 알게 되었다. 선배와 대화하던 도중 그 이유를 알게 된 것이다. 선배는 오로지 일만 생각하며 지내다 보니 자신이 어떻게 죽어가고 있는지조차 몰랐다고 털어놓았다. 그리고 병을 얻고서야 자신에게 병문안 오는 사람이 드물다는 사실도 알게 되었고, 중요한 것은 일처리를 완벽하게 하는 것보다 사람을 통해 일을 완성하는 게 정답이라고 들려주

• 오기발동 모드 •

었다. 이후 선배는 일로 성과를 만들기보다는 사람을 통해 성과를 만들기 시작했다.

그러나 우리는 자신과 맞는 사람하고만 어울리려고 한다. 지금까지의 친구들이 그랬고, 비슷한 취미를 갖고 있는 동호회도 그렇다. 가정을 이루는 부부조차도 서로 비슷한 사람끼리 살아간다. 주역의 기본은 음과 양의 조화에 있다. 남자가 있으면 여자가 있고, 하늘이 있으면 땅이 있다 마찬가지로 자기가 있으면 타인이 있다. 자기와 타인의 조화가 이뤄져야 하지만 그렇게 사는 건 정말 어려운 일 중 하나다. 더욱이 나와 다른 경험을 가진 직장 내 인간관계는 아무래도 더 어려울 수밖에 없다. 그렇다면 우리가 조화를 이루며 살려면 어떻게 해야 할까? 가장 중요한 건 상대에 대한 관심과 표현이다. 누군가를 위해서 한 송이 꽃을 준비하는 관심이 조화를 이루는 첫 단추가 될 수도 있다. 마음을 다하여 준비한 꽃을 보고 사람들이 반응하는 모습은 서로 다를 수 있다. 어떤 사람은 그 꽃을 못 볼 수도 있고, 어떤 사람은 꽃을 보긴 해도 아무 말 하지 않는다. 또 어떤 사람은 꽃을 본 후 예쁘다는 생각을 한다. 반면에 어떤 사람은 꽃이 예쁘다는 생각에서 머물지 않고 자신의 감정을 드러낸다. "누가 저 꽃을 꽂아 놨을까?" 이렇게 궁금해하며 주면 동료에게 물어보는 사람, 나아가 고맙다고 표현하는 사람도 있다. 당신은 어떤 사람과 생활하고 싶은가? 아마도 확인하고 생각하고 표현해 주는 사람일 것이다. 요즘 사람들은 너나 할 것 없이 모두 바쁘다. 자신의 일이 아니면 관심 갖는 여유조차 부리기 힘들다. 하지만 삶은 짧은 단거리가 아닌 마라톤 경주다. 좀더 멀리 보고 길게 가야 한다. 눈앞의 것만 따르다 보면 멀리 볼 수 있는 시야가 좁아진다. 나를 향한 주변의 작은 관심에 늘 감사하고, 작은 변화에도 민감하게 반응해야 하는 이유다. 생각이 생각으로 그쳐서도 안 된다. 즉 생각이 행동으로 표현으로 나타나야 한다. 표현하지 않으면 상대가 내 속마음을 도무지 알 길이 없다. 이는 오해의 원인이 되고 갈등의 씨앗이 되기도 한다. 진정한 인간관계로 인한 조화를 꿈꾸는가? 그렇다면 적극적으로 표현하는 게 좋은 방법이다.

다시 본론으로 돌아가서 신기란 '신뢰'를 얻을 수 있는 기운이다. 이런 기운은 '만남을 소중히 하면서 좋은 관계를 맺고', '원활하게 상호 소통하고', '신뢰하며 협력을 할 때' 얻어질 수 있다. 우리 사회는 아직도 어떤 조건이나 배경 또는 자격을 따지는 편이다. 하나의 얘기를 소개한다.

풍선장사가 놀이터에서 풍선을 팔고 있었다. 그러나 어찌된 일인지 아이들이 풍선을 사지 않았다. 그렇게 시간이 지나가던 중 풍선장사는 실수로 풍선 하나를 하늘로 날려보냈다. 수소로 가득 찬 풍선은 하늘 높이, 멀리 날아갔다. 날아가는 풍선을 보면서 풍선장사는 한숨을 내쉬고 있었다. 그때 근처에서 얼씬도 않던 아이들이 하나 둘씩 나타나더니 풍선을 사가기 시작했다. 풍선장수는 무릎을 쳤다. 그리고 눈에 띄게 하나둘 풍선을 하늘로 날려보내면서 장사하기 시작했다. 바로 그때 한 소년이 하늘로 날아 올라가는 풍선을 보면서 물었다.

"아저씨, 저 까만 풍선도 나를 수 있나요?"

"그럼, 물론이지. 풍선이 날 수 있는 건 색깔 때문이 아니란다. 그 안의 공기 때문이지. 자 까만 풍선을 한번 날려볼까?"

풍선장수에게 부풀려진 까만 풍선은 그의 손을 떠나 하늘로 힘차게 날아갔다. 아이는 신나게 발을 구르며 좋아했다. 그 소년은 까만 피부를 가진 흑인 소년이었다.

사람을 색으로 평가하던 시대는 이미 지나갔다. 흑인으로서 미국의 최고 권력에 오른 오바마 대통령을 시작으로 인종에 대한 차별은 많이 변할 게 분명하다. 마찬가지로 어떤 자격이나 조건으로 사람을 차별해서도 안 된다. 중요한 것은 내용이다. 겉만 보고 속을 판단하거나 자격과 배경, 조건으로 사람을 판단해서도 안 된다. 그렇다면 한 사람을 제대로 이해하기 위해서는 어느 정도의 노력과 시간이 필요할까? 러시아의 한 과학지가 조사한 바에 따르면, 한 사람의 신체적, 사회적, 문화적 히스토리History를 알려면 책 3,000권의 양 정도가 필요하다고 한다. 한 사람을 제대로 이해하기 위해서 많은 시간을 들여야 한다는 말이다. 그러나 우리는 단 한 번의 첫인상으로 상대를 평가하곤 한다. 이는 당신이 사람과 좋은 관계를 맺는 데 걸림돌이 될 수 있다. 또는 좋은 관계를 맺기까지 많은 시간이 걸릴 수 있다는 얘기도 된다. 사실 사람의 첫인상을 결정짓는 시간은 1,000분의 17초라고 한다. 첫만남 그 짧은 시간에 한 사람을 평가하기란 어려움에도 불구하고 우리는 상대방에 대해 좋다, 나쁘다 딱 두 가지로 평가하곤 한다. 사람에 대한 판단은 빠른 것보다는 천천히 시간을 갖고 판단해야 한다. 인간人間이라는 한자를 풀어보면, 사람人을 평가하는 데는 주관에 빠지지 말고 객관적 문門을 두고 적어도 하루日는 살펴야 알 수 있다는 의미다.

많은 사람들이 조급증에 빠져 있는 이때, 사람과 사람 사이

• 오기발동 모드 •

의 관계에서도 그를 찬찬히 살펴보는 여유가 있어야 할 것이다. 살다 보면 우리가 빨리 판단함으로 인해 잃는 것이 얻는 것보다 더 많을 때가 있다. 잘 알려진 얘기지만 소설가 헤밍웨이는 글을 쓸 때 다리 하나를 들고서 집필에 임했다고 한다. 빠르게 글을 쓰면 좋은 글이 안 나왔기 때문이다. 우리도 조급하거나 서두르지 말자.

누구나 사람들과의 만남을 어려워한다. 만나기가 어려운 게 아니라 관계를 맺는 것에 미숙하기 때문에 불편한 것이다. 당신이 상대를 처음 만났을 때 두려워하는 것처럼 상대도 당신을 두려워한다. 편하게 생각하면 상대 역시 당신을 편히 대할 수 있다. 자신이 갖고 있는 이미지나 배경이 혹 상대방에게 불편함을 줄까봐 이를 막기 위해 자신이 쉬운 사람처럼 보이게끔 처신하는 사람도 있기는 하다.

인간관계는 농사짓기와 비슷하다. 갑자기 좋아지고 갑자기 나빠지는 것이 아니다. 늘 관심을 갖고 챙기고 돌봐야 한다.

"아내와 각 방을 쓰면서 이혼하자는 말이 오가길 몇 달 째, 어느 날 남편은 퇴근길에 과일 파는 아주머니가 '떨이'라며 귤을 사달라고 간곡히 부탁하기에 아무 생각 없이 귤을 몇 개 샀다.

집에 들어와서 탁자에 귤을 던져놓고 욕실로 향하는데, 아내는 귤을 하나 먹어보더니 '참 맛있네'라고 말하고는 방으로 쏙 들어간다. 순간 남편은 뒤통수를 한 대 맞은 기분이 들었다. 남편은 시골 친부모에게 내려갈 때는 귤을 박스로 사가면서 아내에게는 참 무심했음을 알았다. 그녀가 연애시절 그리 좋아하던 귤 하나를 결혼생활 내내 한 번도 사다준 적 없었다. 며칠 후 남편은 퇴근길에 또다시 귤을 사갔다. 아내는 또다시 귤을 맛있게 먹는다. 냉랭했던 분위기가 사라지면서 두 사람 사이에는 온기가 돌기 시작했다. 다음날 아침, 간만에 아내가 해주는 밥을 먹던 남편은 결국 울음을 터뜨렸다. 그런 남편의 모습을 보던 아내도 펑펑 울었다. 두 사람은 결국 신혼시절로 돌아갔다."

실제로 인터넷에서 소개되어 누리꾼들이 크게 공감한 글이다. 자신이 가장 사랑한 아내가 무엇을 좋아했었는지 조차 잊고 살아가는 현대인들의 무심함을 꼬집고 있다.

사람들은 서로에게 관심을 갖고, 관심을 가져주면서 인연의 끈을 두텁게 만든다. 그런 관심이 없다면 당연히 그 끈은 끊어지고 만다. 그리고 그런 관심은 따뜻한 말 한마디와 지나가면서 슬쩍 어깨를 두드리는 것에서도 느낄 수 있다. 그동안 너무 힘

• 오기발동 모드 •

들고 바쁘다는 이유로 자신만을 챙기거나 사람 자체에 관심을 갖기보다 일하는 파트너 정도로만 상대방을 국한했던 것은 아닌지 생각해 볼 필요가 있겠다.

바람, 만남 그리고 파트너십

Five 02 Energy

사람이란 존재는 혼자서 할 수 있는 게 많지 않다.
함께 만들어내고 더불어 살아간다.
또한 우리 몸에 위치한 각 부분도 나를 위해서가 아니라
남을 위해 존재한다.

어떤 사람이 나에게 와서 자신이 인기 없다고 느낀다고 고민을 털어놓았다. 다른 사람의 주변에는 늘 사람이 몰려 있는데 자신의 주변에는 사람들이 없다고…

그래서 나는 그에게 이런 조언을 해주었다.

"당신이 먼저 그들에게 다가가는 것은 어떨까요? 어차피 사람들과 함께 있다는 결과는 같잖아요?"

사람의 만남은 '우연'이 아니라 '바람'으로 이뤄진다. 그 바람대로 사람들을 만나게 하기 위해 신은 사람들의 만남을 주선해 준다. 북인도 인사말로 '나마스떼 Namaste'라는 말은 '이 세상

그렇게도 많은 사람들 중에서 당신과 나를 만나게 해준 신께 감사드립니다' 라는 의미다. '나는 당신을 존중합니다' 는 뜻이기도 하다. 사람이 태어나 사는 이유는 단 한 가지다. 바로 사랑받기 위해서다. 누구도 사랑하는 법부터 배우지 않는다. 태어나면서 부모의 사랑을 받는다. 사랑받는 법부터 배우는 것이다. 그리고 성장하면서 그동안 사랑받음에 대해 고마워하고, 그 보상으로 자신 안에 있는 사랑을 나누게 된다. 현재 당신이 누군가를 사랑하고 있다면 그것은 그동안 내가 받은 사랑을 나누고 있는 것이다. 아픔과 원망, 상처와 후회를 찾아내는 것이 아니라 사랑을 찾아내고 그것을 나눌 수 있는 사람이 되어야겠다. 그럼에도 불구하고 우리는 '사랑받음' 을 거부하고, 한두 해가 지나면서 자신을 열등감과 무기력함으로 포장한다. 그리고 자신이 가진 잠재력마저 부인하는 삶을 살아간다. 이게 오늘날 우리들이 살아가는 모습이다. 그러나 이런 삶을 바꾸어야 한다. 진정으로 내가 누구에게 사랑받고 있는지 살펴보고 그 사랑에 벅차 누군가를 사랑하는 삶을 살아야 한다. 사랑받기 위해서는 먼저 사랑할 줄 아는 사람이 되어야 한다. 그리고 먼저 다가가 손도 내밀 줄 알아야 한다. 사람들이 그토록 갈망하는 진정한 파트너십은 그렇게 만들어지는 것이다.

    좋은 파트너를 만난다는 건 엄청난 행운이다. 그리고 좋은 파트너는 나를 성공적인 비즈니스맨이나 직장인으로 만드는 데 중요한 역할을 한다. 혼자 힘으로 할 수 없는 것을 파트너와 함께 해나갈 수 있는 것은 큰 매력이다. 윌리엄 메닝거는 "도움이 될 만한 사람과 그 일을 함께 하라. 누군가와 함께 하면 혼자 하는 것보다 효과적이고 포기하지도 않는다"고 말했다. 그렇다면 어떤 파트너를 찾아야 할까? 하나의 예를 살펴보자.

중국은 탁구에서 세계 최강이다. 그러나 1987년 뉴델리 세계탁구선수권과 1938년 서울 올림픽 여자복식에서는 우리나라에 우승을 넘길 수밖에 없었다. 바로 현정화 감독과 양영자 선수 때문이었다. 둘은 '환상의 복식조'라는 닉네임을 얻을 정도로 세계를 놀라게 할 만한 환상적인 호흡을 보여주었다. 양영자 선수는 수비형이면서 힘을 바탕으로 강한 드라이브를 구사했고, 현정화 감독은 공격형이면서 작고 빠른 드라이브를 구사했다. 이렇게 서로 다른 두 사람의 차이가 좋은 팀워크를 이루는 데 효과적이었다.

이렇듯 서로 다른 성격이나 배경, 기술 등은 크게 중요하지 않다. 서로를 인정해 가면서 나에게 없는 상대의 장점을 긍정적으로 보고, 내가 가진 약점을 상대를 통해 보완하는 게 진정한 파트너십이다.

상대방 마음에 '펀딩'하는 자세도 중요하다. 러시아의 민담 〈바보 이반〉의 주인공 이반은 어리버리한 막내아들로 자신의 빵과 물을 모두 양보하지만 똘똘한 형들을 제치고 공주와 결혼하게 된다. 막내아들 이반은 하는 일이 바보 같았지만 관계 맺기 만큼은 형들보다 우수했다. 사람들은 흔히 대인관계를 두고 'Give & Take'라는 말을 한다. 하지만 사실 먼저 주는 사람을 찾아보기 힘들다. 즉 'Take & Give' 공식으로 산다는 말이다. 관계의 달인들은 받기보다는 주기를 좋아하고 남을 돕는 것을 꺼려하지 않는다. 그리고 계산에 의한 '주기'가 아닌 상대에게 진심으로 도움을 주기 위해 '주기'를 선택한다. 욕쟁이 할머니가 꾸리는 식당이나 포장마차가 인기를 끄는 이유는 말은 되먹지 못해도 속내는 상대를 위한 관심이기 때문이다. 거기다 인심을 듬뿍 담아 챙겨주는 반찬가지들은 그런 분의 마음 씀씀이를 알게 한다. 고객을 소중하게 여기고 인연을 쉬이 여기지 않는 마음은 고객들로 하여금 다시 그 자리를 찾도록 만든다. 또한 외롭고 힘들고 지칠 때에는 할머니의 욕 한마디가 정신을 번쩍 들게 해주기도 한다. 고도원의 아침편지는 이런 퍼주기식 전략

• 오기발동 모드 •

의 성공 케이스다. 매일 지친 일상에 좋은 글귀가 내 이메일로 들어와 마음을 훈훈하게 해주고, 지혜의 문을 열어주기 때문이다. 여러 책을 읽지 못해 생각의 깊이가 짧아져 있는 현대인에게 작은 쉼터가 되기 때문에 각광을 받는 것이다.

그러나 '받아야 줄 마음이 생긴다', '먼저 준다는 것은 손해'라는 생각이 대부분의 사람들 속마음이기 때문에 쉽지 않다. 그래서 우리는 누가 뭐래도 먼저 주는 사람을 '리더'라고 부른다. 또 우리는 주고받음의 비율을 50 : 50이라고 생각한다. 하지만 속마음은 40 : 60이다. 내가 준 것보다 더 많은 것을 받으려고 한다. 남에게 손해보기 싫어하는 자신의 이기적인 욕심이 숨겨져 있는 것이다. 그렇기 때문에 50을 받으면 불평하고, 60을 받아야 비로소 만족하는 것이다. 그리고 70을 받는 다면 그야말로 땡큐다.

영화배우 오드리 햅번의 유언에 이런 말이 있었다.

"기억하라 ! 만약 도움을 주는 손이 필요하다는 사실을 깨닫는다면, 당신의 팔 끝에 있는 손을 사용하라. 또 당신이 나이가 들면 손이 두 개라는 것을 발견하게 될 것이다. 한 손은 당신 자신을 돕는 손이고, 다른 한 손은 다른 사람들 돕는 손이라는 사실을…"

사람이란 존재는 혼자서 할 수 있는 게 많지 않다. 함께 만들어내고 더불어 살아간다. 또한 우리 몸에 위치한 각 부분도 나를 위해서가 아니라 남을 위해 존재한다. 다른 사람에게 먼저 다가갈 수 있는 다리, 따뜻한 말을 전달해 줄 입, 상대방의 말을 조용히 들어줄 귀, 따스하게 쳐다볼 수 있는 애정어린 눈, 아무 말 하지도 않지만 축 처진 상대방의 어깨에 가만히 올려놓을 수 있는 손, 힘차게 포옹해 줄 수 있는 팔이 있다.

거북이는 약해 보이고 온순해 보이지만 거북이의 목을 강제로 뺄 수 있는 사람이 없을 정도로 강한 힘을 갖고 있다. 70~80킬로그램 나가는 사람도 12킬로그램의 움츠린 거북이의 목을 뺄 수 없다는 것이다. 그런 거북이의 목을 빼는 간단한 방법은 뭘까? 다름 아닌 거북이를 따뜻한 화롯불 가까이에 놓아두는 것이다. 그러면 거북이의 목이 자연스럽게 밖으로 나온다. 사람의 마음도 마찬가지다. 마음이란 불편한 곳, 어두운 곳에서 편한 곳, 밝은 곳, 따뜻한 곳으로 움직이게 마련이다. 그럼에도 불구하고 우리는 상대방을 바꾸기 위해 위협과 명령으로만 대하는 건 아닐까. 나그네의 외투를 벗긴 것은 거센 바람이 아니라 태양의 계속적인 빛과 따뜻한 열기였다. 지구상 30억 인구는 매일 밤 음식에 굶주린 채 잠을 청하지만, 40억 인구는 격려와 인

• 오기발동 모드 •

정의 말에 굶주린 채 잠을 청한다. 사람의 마음을 열고 행동을 바꾸게 하는 방법은 '내 식대로 하라'는 강압적인 태도가 아니라 이해와 격려. 이런 자세가 끊임없이 빛과 온기를 전하는 마음이다.

통하려면 다름을 인정하라

Five 03 Energy

> 상대방의 이해를 돕기 위해서
> 우린 '다르다' 라는 것에 유의해야 할 필요가 있다.
> 혈액형이 다르고, 성향이 다르고, 자라온 환경이 다르다.
> 남녀가 다르고, 세대 간 차이가 다르다.
> 이 같은 다름을 온전히 이해하지 못한다면,
> 상대가 지금 어디를 보고 있는지 알 수 없다.

　　만남은 서로 '통' 해야 한다는 전제조건이 있어야 한다. '통' 하지 않는 만남은 곧 '헤어짐' 으로 이어지기 때문이다. 기억되는 만남, 지속되는 만남, 그리고 기억되는 만남을 만들기 위해서 우리는 '통' 해야 한다. 그리고 그냥 '통' 하는 게 아니라 '소통疏通' 해야 한다. 소통이란 트일 소疏에 통할 통通을 사용한다. 막힘없이 통해야 한다는 의미다. 소통해야 비로소 함께 할 수 있다. 바벨탑이 무너진 이유는 서로가 갑자기 의사소통이 막혔기 때문이다. 나와 당신이 소통해야 하고, 나와 우리가 소통해야 한다. 나와 회사가 소통해야 하고, 나와 고객이 소통해야 한다. 소통은 우리의 목적을 동시에 달성하고 성과를 만들어나갈 수 있도록 돕는다. 그런데 소통하기 위해서는 어떤 모습이 필요할까? 우리가 소통하는 데에는 서로가 마음에 가지고 있는 문을 열어야 한다. '문'이란 안과 밖의 경계를 나타내고, 밖의 위험으로부터 안을 보호하는 역할을 한다. 그리고 사람들은 누구나 '마음의 문'을 가지고 있다. 원활한 소통이 되기 위해서는 서로가 오픈open된 상태라야 한다. 일반적으로 '문'을 열기 위해서는 손잡이를 돌리거나 당겨야 한다. 문의 손잡이는 안과 밖 전부 있기 때문에 일부러 잠그지 않는 한 문을 여는 데 그리 어렵지 않다. 그런데 사람들이 갖고 있는 '마음의 문'에는 손잡이가 안에만 있다. 상대방이 아무리 열려고 해도 안에서 닫아버리면 절대 열리지 않는다. 내가 그 문을 열어야 비로소 상대방이 내 안으로 들어올 수 있다.

문을 열어주는 오픈된 상태란 나를 상대에게 이해시키고, 상대가 원하는 것을 제대로 알아차림을 말한다. 만약에 내가 상대방이 보내는 신호를 제대로 받아들이지 못한다면 마음의 문이 닫혀 있거나 '빗장'이 걸려 있기 때문이다. 나를 알리고, 남의 얘기를 잘 받아들이기 위해서는 스스로를 열어야 한다. 열리지 않은 상태에서는 아무리 좋은 선물을 상대가 주려고 하더라도

• 오기발동 모드 •

받는 사람이 고마워할 줄 모르는 경우가 많다. 미리 열어두고, 준비하고 상대방의 맘을 제대로 이해하는 사람만이 그 선물을 기다렸기 때문에 고마워할 줄 안다.

그리고 내가 닫힌 마음으로 정지된 상태라면 상대는 당신의 위선적 모습을 보거나 '잘못된 그림자'를 보게 될 것이 분명하다. 그리고 그 그림자를 내 모습으로 오해할 수도 있다. 물론 그 결과에 대한 책임은 전적으로 나에게 있다. 하지만 사람들은 그렇게 생각하지 않는다. '내 탓이오'라는 자세가 필요한 것이다.

서로가 소통된다면 힘을 합하고 도와주면서 협력하고 시너지 Synergy를 만들 수 있다. 그러기 위해서 우리는 상대방에게 칭찬하고, 상대방과 같은 편에 서주고, 시간을 함께하는 노력이 필요하다. 나와 다른 경험과 지식을 갖고 있는 사람이라도 인정하는 연습을 하자. 나와 다른 견해를 가지고 있으면 논쟁이나 다툼을 벌이기 일쑤이겠지만 서로가 가진 다양성을 이해하도록 연습하자.

유럽에서는 식사 도중에 코를 푸는 일이 오히려 예의가 바르다고 한다. 일본에서는 소바(모밀국수)를 먹을 때 오히려 소리를 내고 먹어야 한다. 또 왼손으로 그릇을 들고 먹어야 한다. 만약 우리나라에서 이런 일이 생기면 대번에 교육 어떻게 받았느냐고 어르신들이 한마디씩 거들 것이 분명하다. 우리나라와 다른 나라는 문화적으로 다르다. 문화란 그 나라 사람들이 공통적으로 행동하는 습관적 모습을 말한다. 그들의 시각으로 본 좋고 나쁨의 판단으로 결정된 것이다. 로마에 가면 로마의 법을 따라야 하는 것처럼, 그 나라에 가면 그들의 문화를 존중하고 따라 줘야 한다. 따르지 않으면 오히려 매너 없는 사람이라고 오해받을 수 있다. 다른 나라에 가면 그 나라의 문화를 따르는 것처럼 관계에서도 나와 다른 사람을 인정하고 그대로를 받아들이는 지혜를 가져보는 것은 어떨까? 그때 바로 자신의 성장도 함께 이루어지는 것이다. 통하기 위해서는 같은 언어를 사용하고 있다는 것을 상대가 인식해야 한다. 그래서 잘 들어야 하는 것이다. 잘 들어야 하는 이유는 상대방이 원하는 것을 알아차리고 적절한 응대하기 위함이다. 하지만 듣는 기술이 뛰어난 것만으로는 부족하다. 상대방을 진심으로 이해할 수 있어야 한다. 상대방의 이해를 돕기 위해서 우린 '다르다' 라는 것에 유의해야 할 필요가 있다. 혈액형이 다르고, 성향이 다르고, 자라온 환경이 다르다. 남녀가 다르고, 세대 간 차이가 다르다. 이 같은 다름을 온전히 이해하지 못한다면, 상대가 지금 어디를 보고 있는지 알 수 없다. 소통할 수 없고 통할 수 없다. 다름을 인정하는 연습도 해야 할 것이다. 가장 아름다운 관계는 그 사람을 인정하는 것에서부터 출발한다.

• 오기발동 모드 •

서로 말이 안 통하는 경우는 말을 일방적으로 했을 때다. 과거 농경, 산업사회의 수직적 구조에서는 일방적인 대화방식으로도 문제가 없었다. 오히려 일사분란하게 움직이는 효율적인 측면이 있었다. 그러나 지식사회의 수평적 조직에서는 쌍방향, 참여적으로 이뤄져야 한다. 진정한 소통은 '잘 익은 언어'에서 비롯된다. 자신의 생각을 일방적으로 강요하거나 앞뒤 돌아보지 않고 되받아치는 것은 소통이 아니다. 툭하면 '삿대질 어법'으로 서로 상처를 입히고, 자기 생각과 조금이라도 다르면 '날것의 언어'로 마구 공격하는 사람들이 많다. 도刀와 력力의 차이는 생각 없이 던지는 말은 칼刀이 되고, 생각하고 던지는 말은 힘力이 된다는 의미다. 아주 작은 생각의 차이 하나를 통해 던진 당신의 말은 상대방을 죽이는 칼이 될 수도, 힘이 되기도 한다. 소통이 부족한 말에 익숙하다면 어떤 조직에서든 적을 만들고 결국 스스로 넘어지게 마련이다. 우리 모두 한 뿌리에서 난 '콩'과 '콩깍지' 아닌가. 참다운 '소통의 기술'을 익힌 사람이 많아야 성숙한 사회가 되고, 성숙한 사회가 되어야 성숙한 국가도 만들어진다.

통하는 관계 만들기

Five 04 Energy

당신이 이면적 관계를 탄탄히 갖고 싶다면
상대방이 나와 다르다는 사실을 이해해야 한다.
진정한 이해는 인간적 관심과 존재에 대한 존중감,
그리고 인간애가 바탕이 되어야 한다.

건강한 인간관계의 기본은 주고받음이다. 주기만 하고 받지 못하거나, 받기만 하고 주지 않는 관계는 오래 가지 못한다. 상사와 부하의 관계도 예외일 수 없다. 상사가 고맙게 해주는 일에 대하여 부하는 고마워해야 하고, 상사가 칭찬받을 일을 했으면 부하는 상사에 대한 칭찬과 격려를 아끼지 말아야 한다. 상사라는 이유만으로 부하에게 잘해주고도 감사하다는 말도 듣지 못하고, 격려받을 일을 했음에도 부하가 이를 말해 주지 않는다면 상사는 에너지가 약해지게 된다. 당연하다고 생각하는 많은 것들이 사실은 당연한 게 아니다. 당연히 있는 직장, 늘 부하를 칭찬하고 생일 케익과 대화의 장을 마련해 주는 상사가 사실은 당연한 것이 아니다. 부하가 상사의 칭찬과 격려에 목말라 하듯이 상사 또한 부하의 감사와 격려에 목말라 있다. 칭찬과 격려는 위에서 아래로만 하는 것이 아니다. 누구나 할 수 있다.

"어제 저에게 칭찬의 말씀을 해주셔서 큰 힘이 솟습니다. 감사합니다", "어제 본부장님께 보고하신 내용은 저희들이 보기에도 참 일목요연하게 잘 정리된 것 같습니다. 수고 많으셨습니다" 등등… 진심으로 상사에게 감사하고 칭찬하라. 직장의 분위기가 바뀌고 직장생활이 달라질 것이다.

생로병사 이후 가장 큰 고민은 아마도 나와 맞지 않는 사람과 어울려 고민하고 사는 것이 아닐까? 그렇지만 이렇게 어려운 인간관계를 조화롭게 맺는다면 성공을 앞당길 수 있다. 성공한 사람의 공통적인 특징이기도 하다. 오프라 윈프리의 유명한 어록 중 '나는 누구와도 쉽게 포옹할 수 있다'는 말이 있다. 그만큼 그녀는 사회적으로 지위가 높건 낮건 간에 쉽게 다가가 상대를 편하게 해주는 탁월한 능력을 지녔다. 특히 출연자들과의 포옹은 그녀의 트레이드마크다. 포옹은 토크로 풀 수 없는 정서적 커뮤니케이션을 가능하게 만들어 결국 그녀를 '토크쇼의 여

• 오기발동 모드 •

왕' 자리에 올려놓았다.

하버드 대학교의 A.E. 위간 박사가 직장생활에 실패한 사람, 가정생활에 실패한 사람, 사회생활에 실패한 사람 등 각 분야에서 실패한 사람들을 조사했다. 결과에 따르면, 전문적인 지식의 결여로 실패한 사람들은 전체 중 불과 15%밖에 안 되고 나머지 85% 실패자들은 모두 인간관계를 잘못했기 때문인 것으로 밝혀졌다. 우리나라의 부자들이 실질적으로 부자가 될 수 있었던 이유는 실제로 돈을 벌거나 모으는 기술보다 뛰어난 인간관계가 있었기 때문이다. 또한 미국의 카네기재단에서 5년 동안 사회적으로 성공한 1만 명을 대상으로, '당신이 성공한 비결은 무엇입니까?' 라는 질문을 던졌는데, 조사결과 놀라운 사실이 나타났다. 많은 사람들은 뛰어난 인간관계가 그들의 삶에 큰 영향을 미쳤다고 대답한 것이다. 그리고 보스턴 대학에서 7세 어린이 400명을 40년 동안 추적 조사했는데, 성공과 출세에 가장 중요하게 영향을 끼친 요소로는 다른 사람과 잘 어울리는 능력인 것으로 나타났다. 직장에서도 가장 어렵고 중요한 것이 인간관계라고 한다. 기업에서 꼭 갖춰야 할 능력이 무엇인지를 묻는 전문가 설문에서도 응답자의 42%가 '조직 내 인화력과 대인관계 능력'을 꼽았다. 인화와 관계를 맺는 능력은 구성원 사이의 화합을 기반으로 협동과 시너지 효과를 끌어내는 장점이 있다.

잭 트라우트와 알리스는 《마이 포지셔닝My Positioning》이라는 책에서 "창조적인 사람이 되고 싶다면 고흐처럼 당신의 작품 활동에 모든 시간을 할애하라. 그러나 창조적이면서 성공한 사람이 되고 싶다면 시간의 절반만 작품 활동에 할애하고 나머지 절반은 다른 사람들에게 자신을 파는 일에 할애하라"고 충고한다. 살아 있는 동안 단 한 장의 그림만 팔 정도로 무능한 화가라는 자책감에 시달리다 자살로 생을 마감한 고흐를 빗대어 한 말이다.

당신의 미래에 투자하는 가장 좋은 방법은 사람에 대한 투자, 그들을 내 편으로 만드는 것이다. 다른 사람을 내 편으로 만들려고 할 때는 절대 서두르지 말아야 한다. 관계는 하루아침에 만들어지지 않는다. 중국인은 한 사람을 사귀기 위해 8년이란 시간을 들인다고 한다. 한꺼번에 모든 것을 이루겠다는 성급한 마음으로 상대방을 대하면 무리한 전략을 세우게 되고 좋지 못한 결과를 거두게 마련이다. 성급한 마음을 지니면 상대의 비위를 상하거나, 거짓말을 하게 되거나, 때 이른 양보를 함으로써 손해를 보게 된다. 주장을 펼 때에도 상대방의 생각과 유사한

• 오기발동 모드 •

부분에서부터 출발하여 점점 자신의 생각 쪽으로 이동하는 점진적인 접근법을 사용하는 것이 좋다.

아울러 관계는 표면적 관계를 넘어 이면적 관계까지 맺도록 노력해야 한다. 대부분 사회생활을 하면서 맺는 관계는 표면적 관계다 그러나 당신이 이면적 관계를 탄탄히 갖고 싶다면 상대방이 나와 다르다는 사실을 이해해야 한다. 진정한 이해는 인간적 관심과 존재에 대한 존중감, 그리고 인간애가 바탕이 되어야 한다. 남녀의 '관계 만들기'를 살펴보면, 우선 연애 기간은 '낭만주의 시대'로서 꽃과 아름다운 말로 서로에게 호감 갖고 조금씩 다가서는 기간이다. 그러다가 서로 결혼을 하면서 '리얼리즘, 사실주의 시대'로 넘어간다. 달콤한 신혼이 깨지면서 현실에 부딪치게 된다. 집문제, 육아문제 등 복잡한 일들이 한두 가지가 아니다. 그렇게 서로 다투면서 시간이 지나면 '휴머니즘, 인간주의 시대'로 넘어간다. 노부부가 서로의 친구가 되어 살아간다. 뜨거운 사랑은 아니지만 따뜻한 인간애가 넘친다. 결국 인간관계는 시간이 흘러야 돈독해진다. 질적으로 얼마나 깊고 풍부한 유대관계를 맺느냐는 시간에 달려 있다.

우리나라에서 인터넷 문화가 급속히 발전하게 된 원인 중 하나는 '혼자 놀기' 좋아하는 속성 때문이라는 지적이 있다. 특히 이러한 경향은 젊은 사람들일수록 더욱 두드러지게 나타난다. 건강을 위해서라도 컴퓨터 앞에 앉아 있는 시간을 줄이고 관계를 맺으며, 친분을 쌓는 시간을 늘려야 한다. 학자들은 인간이 다른 사람과 친분을 쌓는 것은 혼자일 때 받는 스트레스의 영향을 완충시켜 정서불안, 기억력 및 집중력 장애, 자신감 상실 등과 같은 신경내분비계 증상이 나타나는 것을 막아준다고 주장한다. 궁극적으로 심장질환이나 뇌혈전증 등과 같이 생명을 위협하는 각종 병적 현상으로 악화되는 것을 더디게 하는 효과가 있다고 한다. 지금 당장 잊고 지내던 친구에게 전화를 걸어라. 만남을 요청하고 대화를 나누어라. 이미 통하는 관계를 맺었다고 자만하지 마라. 방심하고 긴장을 늦추는 순간 막히는 관계로 돌아서기 쉽다.

다음 소개하는 이야기는 관계와 관련된 짧은 우화지만 여러 가지를 생각하도록 만든다. 함께 읽어보자.

❦

시골 농가에 쥐, 닭, 돼지, 소가 부부와 함께 살고 있었다. 어느 날 쥐는 안주인이 놓은 쥐덫을 발견했다. 쥐는 자신의 위험을 감지했고 바로 닭에게 달려가 도움을 청했다. 닭은 "저는 지금 다른 일 때문에 바빠요. 더구나 쥐덫은 저랑 아무런 상관이 없잖아요. 귀찮게 하지 말고 다른 곳에 가서 얘기해 보세요"라고 말했다. 쥐는 돼지에게로 갔다. "미안해요. 그 덫은 저와 상관이 없잖아요." 하는 수 없이 쥐는 소에게로 갔다. "당신에겐 큰 문제일지 모르나 저에겐 관심 없는 일입니다." 쥐는 어깨에 힘이 풀리고 이 난국을 어떻게 헤쳐 나가야 할지 걱정이 됐다. 그날 저녁 농가에는 큰 비명소리가 들렸다. 농가 옆을 지나가던 뱀 한 마리가 쥐덫에 꼬리를 잡히고 그걸 모르는 안주인은 길을 가다 그만 뱀을 밟은 것이다. 놀란 뱀은 안주인을 물었고, 안주인은 그날 저녁부터 열이 나기 시작했다. 남편은 열을 내리는 데 닭고기 스프가 좋다는 얘기를 기억해 내곤 바로 닭을 잡아 요리를 해줬다. 그런데 시간이 지날수록 아내는 나아지기는커녕 더욱 쇠약해져갔다. 친구들이 병문안을 왔고 그들을 대접하기 위해서는 기르던 돼지를 잡을 수밖에 없었다. 그리고 시간이 흘러 결국 아내는 죽고 많은 친척과 동료친구들이 그의 농가를 찾아왔다. 농부는 어쩔 수 없이 소를 잡아 그들을 대접해야 했다.

우리는 당면해 있는 문제가 나와 상관없으면 도외시하는 경향이 있다. 우리는 모든 것이 서로 관계로 맺어진다는 것을 모른다. 그러나 내가 돕는 어떤 일은 아무 상관없어 보이더라도 결국 나를 위한 것임을 기억할 필요가 있다. 미국의 심리학자 로지는 학생들에게 주어진 메시지를 잘 읽고 그 메시지에 동의하는지 여부를 표시하도록 했다. 메시지는 다음과 같았다.

"약간의 반란은 좋은 것이며, 자연계에서의 폭풍처럼 정치계에서도 필요하다." 그리고 메시지에 약간의 조작을 가했다. 한 반에서는 이 메시지에 '토머스 제퍼슨', 다른 반에서는 '니콜라이 레닌'이라고 덧붙였다. 덧붙인 두 사람의 이름은 엄청나게 다른 결과를 만들어냈다. 제퍼슨의 말로 생각한 학생들은 메시지에 동의한다고 답했고, 레닌의 말로 생각한 반에서는 반대로 대부분 동의하지 않는다고 답한 것이다. 학생들에게 '메시지'를 잘 읽고 반응하라고 강조했지만 정작 학생들은 메시지보다 그 메시지를 얘기한 '사람'에게 반응한 것이다. 제퍼슨은 미국 3대 대통령으로서 미국인들이 가장 존경하는 사람 중 하나다. 반면에 레닌은 러시아 볼셰비키 혁명을 주도한 인물로 미국인들이 가장 싫어하는 사람 중 하나에 속한다. 존경하는 사람이 얘기했으니 맞는 얘기일 거고, 문제가 있는 사

• 오기발동 모드 •

람이 지껄인 소리이니 틀린 얘기일 거라고 답한 것이다. 우리는 다른 사람들에게 들은 얘기로 상대방을 미리 판단하곤 한다. 혹시 당신과의 관계가 껄끄러운 사람이 있다면 그를 만나지도 않은 채 다른 사람의 선입관으로 대한 것은 아닌지 뒤돌아보기 바란다.

'순망치한脣亡齒寒'이란 말이 있다. 입술이 없으면 이가 시리다는 뜻으로, 서로 이해관계가 밀접한 사이에 어느 한쪽이 위태로워지거나 망하면 다른 한쪽도 그 영향을 받아 온전하기 어려움을 이르는 말이다. 눈에 보이는 자신의 이익이나 불이익을 모면하려고 관계를 망치는 일이 없어야 하겠다. 오히려 남이 어려울 때 도와준다면 상대방도 이롭지만 당신에게도 도움이 될 것이다. 관계에 능숙한 사람은 상대방이 어려울 때 기꺼이 돕는다.

남아프리카 미개 부족 중 하나인 바벰바족 사회에는 범죄 행위가 드물다고 한다. 어쩌다 죄 짓는 사람이 생기면 기발하고 멋들어진 방법으로 그 죄를 다스린다. 그 방법은 누군가 잘못을 저지르면 그를 마을 광장에 데려다 세운다. 마을 사람들은 모두 일을 중단하고 광장에 모여 죄인을 중심으로 큰 원을 이루어 둘러선다. 그리고 한 사람씩 모두가 들을 수 있는 큰 소리로 한마디씩 외치는데, 그 내용은 죄 지은 사람이 과거에 했던 좋은 일들에 관한 것이다. 그의 장점, 선행, 미담들이 하나하나 열거된다. 하지만 과장이나 농담은 일체 금지되며 심각하고 진지하게 모두 그를 칭찬하는 말을 해야 한다. 상대의 태도를 일시에 바꾸어놓겠다는 생각에서 그의 잘못을 지적하거나 비난하면 상대방은 화가 나서 오히려 더욱 엇나가게 된다. 따라서 가능한 한 상대에 대한 비난은 삼가야 한다. 죄 지은 자가 잘못을 스스로 깨닫게 만들어줄 수 있도록 시간과 기회를 줘야 한다. 첨단 사회를 사는 우리보다 훨씬 지혜롭다 하겠다.

아이가 태어나 걸음마를 떼기 시작할 때 부모들은 놀라워하면서 진심으로 응원을 한다. 비록 걷다 넘어진다 해도 참고 기다리면서 걸음을 딛는 아이에게 힘을 실어준다. 배려한다는 것은 '보살펴주고 이리저리 마음을 써준다'는 사전적 의미가 있다.
마지막으로 우리나라 사람들의 성향을 단적으로 나타내주는 얘기를 하나 소개한다. 부모가 아이를 학교에 보내면서 하는 말인데, 왠지 씁쓸한 생각이 든다.

• 오기발동 모드 •

- 미국 부모 : "학교가서 잘 놀다 오렴."
- 일본 부모 : "남에게 폐 끼치지 마라."
- 한국 부모 : "누가 때리면, 물어!"

신뢰의 계단을 쌓아라

Five
05
Energy

아웅다웅 다툼만 벌이며 내 몫 찾기에 혈안이 된 삶이 아닌, 뭔가 돌아보고 협력의 의미를 깨닫고 그럼으로써 신뢰를 쌓는 삶을 살아야 마땅하다. 특히 직장에서는 동료들과의 협력이 매우 중요하다.

      신뢰란 '불확실성과 위험의 상황 속에서도 타인을 믿고 의지할 수 있는 마음가짐'이다. 사람을 만나서 사귀고 관계를 맺는 것도 어렵지만 더 어려운 것은 그들과 신뢰를 쌓는 일이다. 한국전쟁 직후 윌리엄 E.메이어 중령은 북한군에게 포로로 잡혀 구금되었던 1,000여 명의 미군을 대상으로 조사한 결과 '상호불신'이 자포자기 상태를 만들 수도 있다고 보았다. 북한군은 포로들에게 음식과 식수, 숙소를 제공했다. 고문도 없었으며 신체적 학대도 무척 적었다. 그러나 많은 미군이 수용소에서 죽어갔다. 그런데 이상한 일은 철조망도, 감

시도 받지 않았지만 포로들은 하극상을 자주 일으키고 서로 대립했다는 점이다. 간혹 적군인 북한군과 친근한 관계를 유지하기도 했다고 한다. 전쟁 직후 생존자들이 국제적십자사로 인도되었지만 가족들에게 전화를 걸어 자신이 무사하다는 소식을 전한 사람은 소수에 불과하다는 사실을 확인했다. 왜 이런 일이 일어났을까?

   북한은 다음과 같은 네 가지 전술을 사용했다. 첫째, 밀고할 때마다 보상으로 담배를 준다. 둘째, 타락한 형태의 그룹 정신치료라는 명목으로 그간 자신이 저지른 나쁜 짓과 해야 했지만 하지 못한 좋은 일을 고백시켰다. 셋째, 국가와 상사에 대한 충성심을 파괴했다. 마지막으로 긍정적인 감정을 일으키는 모든 요인을 차단했다. 북한군은 포로들 사이의 신뢰와 존중, 관심과 포용력에 미묘한 균열을 만들어내는 데 성공했고, 이로 인해 포로들은 정신적으로는 독방에 갇혀 완전히 고립된 상태에 몰렸다. 포로들은 극단적 절망이라는 새로운 질병 '자포자기 병', 즉 미라스무스에 빠지고 말았다. 그리고 미라스무스로 인해 자그마치 38%가 사망했다.

중국 송대宋代의 선종禪宗을 대표하는 벽암록碧巖錄에 나온 줄탁 동시 啐啄同時란 말이 있다. 병아리가 껍질을 쪼는 것을 '줄'이라 하고 어미 닭이 쪼는 것을 '탁'이라 하는데, 이것이 함께 이루어져야 껍질이 깨져 새끼가 세상 밖으로 나온다. 그러나 새끼는 안쪽에서 열심히 쪼고 있는데 바깥쪽에서 어미가 쪼지 않거나, 반대로 어미는 쪼고 있는데 새끼가 쪼고 있지 않는다면 아무 소용이 없다. 상하 간, 동료 간 신뢰는 이렇게 줄과 탁이 동시에 이뤄져야 생긴다. 새끼의 '줄'과 어미의 '탁'이 동시에 이루어지지 않고 동문서답東問西答이 된다면 새끼는 알 속에서 죽어갈 수밖에 없다.

호랑이와 황소가 싸우면 누가 이길까? 당연히 호랑이다. 그러나 가끔 황소가 이길 때도 있다. 바로 주인이 옆에 있을 때다. 힘센 아이와 약한 아이가 싸우면 당연히 힘센 아이가 이긴다. 그러나 가끔 약한 아이가 이길 스도 있다. 바로 엄마가 옆에 있거나 달려 나올 때다. 두 사람이 협상을 벌이고 있다. 그런데 잘하던 사람이 갑자기 맥을 잃고 헤맨다 왜일까? 협상을 잘하던 사람의 상사가 나타났기 때문인데, 그 상사는 늘 위축감을 주던 인물이었다. 자못 우리에게 시사하는 바가 크다 하겠다.

이해와 협력도 신뢰를 쌓는 방법 중 하나다.
바다거북은 한번에 1,000마리의 알을 10군데로 나눠서 낳은

후 자신의 몸을 이용해 탄탄하게 묻어놓는다. 그렇다면 100마리의 새끼거북이 모래웅덩이에서 빠져나와 생존할 수 있는 확률은 어느 정도일까? 관찰해 본 결과 새끼거북들은 역할분담과 협력을 통해 빠져나왔다. 구덩이에서 막 깨어난 새끼들 중 꼭대기에 있는 녀석은 천장을 파고, 가운데 있는 것들은 벽을 허물고, 밑에 있는 새끼들은 떨어지는 모래를 밟아 다지면서 다 함께 모래 밖으로 기어나왔다. 재미있는 점은 알을 하나씩 묻어놓았을 때 27%, 두 개씩 묻어놓았을 때 84%, 네 개 이상 묻어 놓았을 때에는 거의 100%가 알에서 깨어나 구덩이 밖을 탈출한다고 한다. 협력이 생존이라는 의미다. 섬진강의 한매운탕 집 뒤뜰에는 큰 항아리 가득 참게가 들어 있다. 그 항아리에는 뚜껑이 없다고 한다. 모두 도망가지 않을까 싶어 주인에게 물어보니 주인은 이렇게 말한다.

"걱정 없어요. 참게란 놈들 참 이상해서 한 놈이 도망가려고 기어오르면 밑에 놈이 그놈의 다리를 붙잡아 끄집어 내려놓죠. 아무리 뚜껑을 열어놓아도 단 한 놈도 지척인 강으로 돌아가지 못합니다."

난 "하하, 그렇군요!" 하며 웃다가 '혹시 나도 잘하려는 주위 사람을 도와주지는 못할망정 계속 뒷다리 잡고 있는 것은 아닌가?' 하고 생각해 보았다.

바닷물이 짠 이유는 지상의 온갖 더러운 물을 씻어낸 도랑물, 냇물, 강물을 모두 바다로 유인하기 위해서다. 만약 바닷물이 짜지 않다면 모든 바다에서 악취가 날 것이다. 파도가 치는 이유는 더러워진 바닷물을 깨끗하게 만들기 위해서다. 어떤 정수기로도 정화할 수 없는 엄청난 바닷물을 파도가 정화해 준다. 달이 떠오르는 이유는 지구 3분의 2를 덮고 있는 바다의 파도를 움직이기 위함이다. 그 엄청난 힘은 달에서 나오며 달은 밀물과 썰물로 파도를 만든다. 만약 달이 없다면 어떻게 될까? 모두 죽는다. 지상의 모든 생명체가 죽는다. 인간의 어떤 노력으로도 바닷물을 정화할 수 없기 때문에 지구는 오염되고 우리는 모두 죽는다. 자연의 존재 의미는 생존경쟁에서 살아남는 적자생존이 아니다. 어느 것도 생존의 이기적인 목적으로 이웃을 이용하지 않는다. 그것은 모두가 죽는 길이기 때문이다. 아무리 잘난 체하며 사는 인간이지만 자연에 겸손해야 하는 이유가 여기에 있다. 아옹다옹 다툼만 벌이며 내 몫 찾기에 혈안이 된 삶이 아닌, 뭔가 돌아보고 협력의 의미를 깨닫고 그럼으로써 신뢰를 쌓는 삶을 살아야 마땅하다. 특히 직장에서는 동료들과의 협력이 매우 중요하다. 똑똑한 사람은 아는 게 많은 사람이고 능력 있는 사람은 아는 사람이 많은 사람이라고 했다. '삶'이란 '사람'의 준말이고, '사람'이라는 한자 '인人'은 한 사람이 쓰러질 때 반드시 또 하나의 사람이 필요하다는 의미다. 그리고 하나의 획(/)과 다른 하나(\)의 획이 모여 '하나(人)'를 만들어낸다는 의미이기도 하다. 즉 삶이란 나와는 다른 누군가를 만나야 비로소 하나가 될 수 있는 것이다. '남자'와 '여자'가 만나 하나의 '가정'을 이루듯 '음'과 '양'이 모여야 만물의 근원인 완벽한 '태극'을 이룰 수 있다. 사람과 사람은 만날 때부터 이미 우리가 알지 못하고 눈에 보이지 않는 '관계자력'이 생성된다. 비슷한 사람을 끌어당기고 다른 사람은 밀어버린다. 또래들이 모이고, 비슷한 사람끼리 친구가 되고 다른 무언가가 끼면 왕따가 된다. 그러나 서로가 함께 하지 않는다면 결코 더 나아갈 수 없다.

사람의 성장은 서로 다른 사람이 모였을 때다. 그래야 시너지가 발휘된다. 비슷한 사람이 모여서는 시너지가 발휘되지 않는다. '1+1=2'가 아니라 3이나 4가 될 수 있는 게 시너지다. 이는 나와 다른 사람이 함께 있어야만 가능한 '에너지 공식'이다. 더불어 살아가야만 서로에게 비운 부분을 채워나갈 수 있다. 함께 있어야만 다른 사람의 장점으로 나의 단점을 보완할 수 있다. 인간은 혼자서 살 수 있는 존재가 아니다. 혼자서 살 수 있다고 말하는 사람도 있긴 해도 외로움과 어려움을 느낄 때에는 그래도 누군가가 옆에서 힘이 돼주기를 바란다. 둘이 함께

• 오기발동 모드 •

하기 위한 한 가지 '전제조건'이 있다면, 자신만을 생각하는 '이기利己'를 버려야 한다는 것이다. 나보다 남을 먼저 생각하는 배려와 인정, 그리고 격려로 '관계'를 더욱 튼튼하게 만들어야 한다.

 마지막으로 용서에 대하여 한마디하고 모든 내용을 정리하려 한다. 우리는 대부분 남의 허물과 잘못을 덮어주기보다 들추어내고 꾸짖는 일에 더 능숙하다. 요즘 버라이어티쇼를 보면 남의 허물을 들추어내는 것에 집중한다. 물론 재미삼아 하는 것이겠지만 실제로 당하는 사람의 마음은 애가 탈 것이다. 한 제자가 평생 수행하면서 교훈으로 삼으며 살아갈 한 마디를 스승에게 물었다. 스승은 '용서'라고 가르쳤다. 남의 허물을 감싸주고 너그럽게 포용하면서 용서해야 한다. 용서는 사랑과 이해의 문을 열게 해준다. 용서란 돈이 들지 않아도 누구나 할 수 없는 것이다. 그만큼 어렵다는 얘기다. 용서가 쉽지 않은 까닭은 결심이 서야 하기 때문이다. 그리고 무엇보다 중요한 건 부족하고 모자람이 있어 불만족스럽더라도 자기 자신을 용서하라고 당부하고 싶다. 자신을 용서하라. 그렇다고 해서 스스로에게 관대해지라는 말이 아니다. 느슨해지라는 뜻이 아니다. 여기서 말하는 용서의 진정한 의미는 자기 신뢰다. 완벽한 사람은 없다. 사람은 누구나 불완전하고 실수한다. 그래서 자신감이 떨어지고 거짓을 말하게 되며 결국 관계를 해친다. 자신을 용서할 줄 알아야 다른 사람도 용서할 줄 알게 된다. 마음이 편협하거나 남 탓만 하는 사람은 분명 자신조차 용서할 수 없는 사람이다.

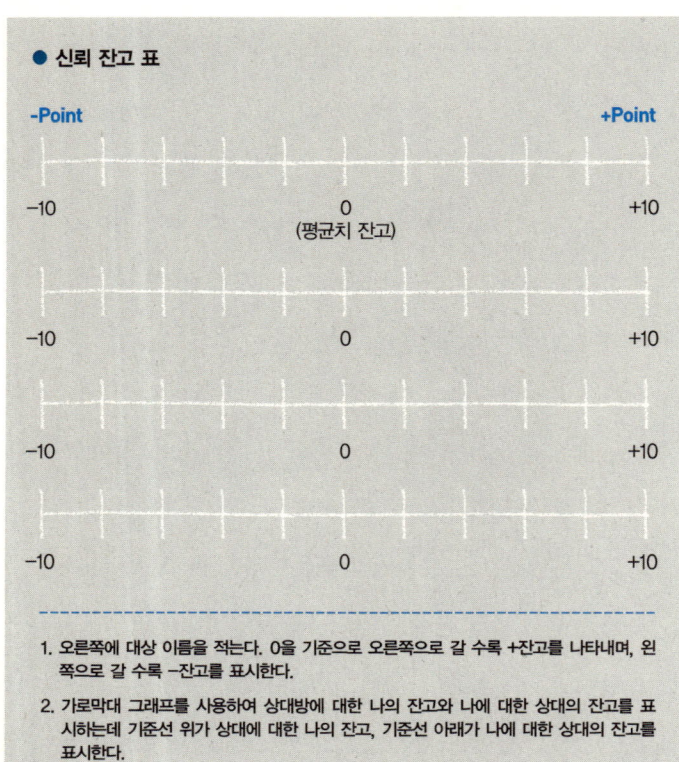

- 오기발동 모드 -

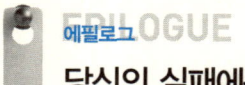
당신의 실패에는 이유가 있다

정말 열심히 노력하는데, 옆에서 지켜보면 속이 터지도록 엉뚱한 구덩이만 파고 있는 사람을 본 적 있을 것이다. 그들은 한목소리로 이렇게 하소연을 한다.

"나름 열심히 했는데, 왜 안 되는 걸까요?"

공부를 잘하는 사람들에게 "어떻게 하면 공부를 잘 할 수 있나요?"라고 물으면, 그들은 "열심히 하면 돼요!"라고 답하지만, 무작정 열심히만 하는 사람들을 보면서 그들은 속으로 '열심히만 한다고 성적이 오르지는 않는데…' 라고 생각한다.

이 뜻은 공부를 잘하기 위해서는 분명 다른 방법이 있다는 것일 수도 있다. 그렇다. 무엇이든지 풀어나가는 방법이 있게 마련이다.

  그런데 삶의 문제라면 해답이 꼭 정해져 있는 건 아닐 테지만, 나름의 답이 어딘가에 분명히 있다. 단, 외부가 아닌 우리 내면 어딘가에 말이다. 적지 않은 사람들이 살다가 곤경에 빠지면 그 해답을 외부에서 찾는다. 내 탓이 아닌 남 탓이요, 나의 부족함이 아닌 남의 부족함 때문이라고 말이다. 또한 일을 해결하기 위해 너무 급하게 움직이는 경향도 있다. 이 책에서 밝혔듯이 삶이 꼬인 것 같고 매사 답답함이 느껴진다면, 우리 안의 다섯 가지 기운인 오기(생기, 광기, 비기, 슬기, 신기)를 점검해 봐야 한다. 그리고 문제를 발견했다면 넉넉한 마음자세로 한 가지씩 풀어가야 한다. 그 과정에서 마음이 급해질 수도 있겠지만 급하다고 돌을 던져 물고기를 잡을 수는 없는 법이다. 낚싯대를 드리운 채 기다려야 대어를 잡을 수 있다.

  "난 역시 안 돼."
  "원래 이건 안 되는 거였어."
  "정말 일이 꼬인다, 꼬여."

  무엇보다 이 같은 마음을 버리자. 열심히 노력하고 조금만 더 애 쓰면 결과가 보이는데도 불구하고 미래를 확신하지 못하는 우리네들은 그동안의 수고마저 헛고생이라고 치부하면서 포기하는데, 이제부터 그러지 말자. 단언컨대 우리가 실패하는 이유는 포기에 있다. 한번의 성공에 자만하지 말아야겠고, 크게 실패했어도 낙담하지 말자.
 마지막으로 오기 가운데 우리에게 모자란 기운은 채우고 넘치는 기운은 좀 비우자. 그것이 실패를 줄이고 성공을 앞당기는 방법이다. 독자 여러분의 건투를 빈다!

• 오기발동 모드 •